LA DÉMOCRATIE

DE NOS TEMPS,

PAR MADAME HORTENSE ALLART.

AF493907

A PARIS,
CHEZ DELAUNAY, LIBRAIRE, PALAIS-ROYAL;
ET A. PINARD, LIBRAIRE, QUAI VOLTAIRE, 15.
1836.

LA FEMME

ET

LA DÉMOCRATIE

DE NOS TEMPS.

IMPRIMERIE ET FONDERIE DE A. PINARD,
QUAI VOLTAIRE, N° 15.

LA FEMME

ET

LA DÉMOCRATIE

DE NOS TEMPS,

PAR MADAME HORTENSE ALLART.

A PARIS,

CHEZ DELAUNAY, LIBRAIRE, PALAIS-ROYAL;

ET A. PINARD, LIBRAIRE, QUAI VOLTAIRE, 15.

1836.

Ma main n'a pu souffrir de crime en votre race,
Ne souffrez point de tache en la maison d'Horace.

CORNEILLE.

CHAPITRE I.

Souverain pouvoir, que l'homme voit reculer quand il croit le saisir, vous qu'il a d'abord vu dans la foudre, dans la majesté de l'orage, qu'il avait placé dans les cieux où il ne trouve plus que le vide et les astres; vous qui, destinant la nature à une continuelle transformation et vous épargnant les travaux de chaque jour, avez créé des puissances physiques, des lois insaisissables; vous qui donnâtes aux hommes des besoins physiques si semblables, et des besoins moraux si différens, sans les classer sur la terre, et en leur permettant une hiérarchie factice; vous qui soumettez les deux sexes l'un à l'autre, vous qui dans le monde moral et physique semblez subir une nécessité comme l'homme, mais dont la pensée éclatante ne nous laisse aucun doute, Esprit suprême, c'est vous que la société invoque en ce moment sous différens noms.

Parvenue, après de longs travaux, à s'asseoir sur ses bases naturelles, ayant renversé des chefs et des dieux vieillis, elle regarde autour d'elle, remonte à sa source, et demande une nouvelle religion, un nouvel essor pour l'esprit, une nouvelle hiérarchie; les femmes s'informent si la délicatesse des mœurs ne produira pas une morale plus belle, les hommes cherchent si, quand l'ancienne société a su à son origine doter le talent, nous resterons en arrière d'elle dans nos pas rapides? Au dessus de la masse des hommes et des femmes, il y a quelques hommes et quelques femmes, comme au dessus d'eux tous il y a des vérités et des principes qui font l'habileté, la gloire et la vertu du genre humain.

CHAPITRE II.

Et vous, Minerve! fille de Jupiter, sortie de sa tête, qui ne pouvez comme les hommes accuser les entrailles maternelles où les Hébreux trouvaient l'excuse de leur faiblesse; Minerve, fille héroïque et savante, mère d'Athènes, déesse de la guerre et de la paix, nos regards vous suivent au haut des cieux. L'imagination des hommes ne vous a pas créée par un caprice; des femmes illustres vous ont fait prendre rang dans l'Olympe, et quand l'antiquité, renommée par l'intelligence et la justesse, a donné à la sagesse la forme et la beauté d'une femme, elle n'a pas cru se tromper, et elle n'aurait pas consacré la sagesse par une extravagance. Minerve, au milieu des femmes grecques asservies, vous rassurâtes ce petit nombre de femmes ambitieuses qui, ornant vos autels, unissaient l'esprit à l'amour. Vous leur donnâtes l'audace, enchaînant à leurs pieds les héros et les philosophes. Armée de pied en cap, vous assistâtes aux noces de ce chef aimable, fameux dans la guerre et l'éloquence, lorsqu'il épousa la femme la plus accomplie dont l'histoire ait gardé la mémoire. Le poète qui n'a pas trouvé d'égal, vous peignit triomphant de Mars dans les batailles, et partout vous obtîntes des honneurs dont Jupiter fut jaloux. L'Inde aussi vous adora, déesse de la sagesse et du savoir; et vous régnez encore sur les rivages de l'Indus et du Gange. L'Asie honora la lumière et la fécondité; une femme représenta la nature puissante; Bavani calma l'ardeur du dieu en versant l'eau sur sa tête, et lui présenta la coupe d'ivresse sur le mont Cailasa. Si Jevohah paraît seul, l'encens des prophétesses brûle sur ses autels, et si son fils est né d'une fille timide, immortelle par grâce et sans puissance, du moins Marie, vierge et mère, paraît seule avec un enfant dans ses bras; nul homme ne l'appuie, et elle emprunte à son fils sa gloire sainte.

Les peuples représentant les dieux à l'image des hommes, représentèrent aussi les dieux à l'image des femmes; et quand de plus grossières idoles tombèrent, les déesses restèrent debout.

CHAPITRE III.

Les femmes qui surent s'isoler et résister, avaient-elles présent à la pensée ce type de supériorité de femme que les religions ont différemment revêtu? Elles secouèrent le préjugé, elles le secouèrent, oui! mais leur plût-il d'avoir à supporter le blâme vulgaire? Si aujourd'hui une femme, portant là une idée, attache un mérite à sa hardiesse, dans les longues années qui ont précédé, quel fut le sort des femmes? Parce qu'elles avaient l'esprit, parce qu'elles savaient aimer un homme, remplir leur destinée; parce que nul préjugé n'avait courbé leur front, ces femmes ont été en butte à un mépris lointain, il est vrai, mais grossier et stupide. O vous qui avez défendu la patrie, vous qui fûtes proscrits pour avoir bien fait; vous qui avez souffert dans les temps passés, vous aujourd'hui qui gémissez et mourez dans les cachots et les forteresses de l'Autriche, dans les mines de la Sibérie; vous dont le malheur illustre n'a trouvé en Europe que des larmes, vous avez du moins trouvé des larmes; mais les femmes dévouées et héroïques n'en trouvèrent pas. Si les plus intrépides se consolèrent assez par l'amour qui se suffit trop, combien d'autres plus timides regrettèrent leurs frères, leurs enfans, leurs amis, qui, soumis au préjugé, les blâmèrent! Que de gêne ces femmes timides trouvèrent à toute chose! Galantes et frivoles, elles se seraient fait pardonner; honnêtes et sensibles, elles furent victimes. Nous parlons de la France; mais dans une contrée voisine, de l'autre côté de ce bras de mer qui sépare deux peuples si différens, combien les femmes sont opprimées! Si là une d'elles, par le droit de la nature, en appelle de ses premières affections mal engagées et se lie dans un nouvel engagement, cette femme, séparée de ses premiers enfans, bannie de la société, reléguée dans sa maison, voit encore ce qu'on appelle *sa faute* rejaillir sur ses filles. Parce qu'elle avait souffert dans une première union, on l'a fait souffrir pour toujours; on l'a punie dans ses enfans: supplice affreux qu'une morale impie a trop employé. Et ici arrêtons-nous, nous femme et mère, devant cette morale atroce qui poussa tant de malheureuses filles à tuer leurs enfans. Qu'on dise si les préjugés pouvaient avoir un plus criminel résultat. Jadis on a exposé les enfans; en Asie on les expose encore; dans l'Inde on tue les filles; mais ici, c'est la mère tremblante, vaincue dans sa force, la force maternelle, la mère, à ce moment terrible où les entrailles se déchirent et parlent un si grand langage, c'est la mère qui va, au milieu des tortures et de l'affaiblissement physique, au milieu du sang qui signale pour elle les hautes opérations de la nature, c'est la mère qui va porter sa main incertaine et languissante sur cette frêle et tendre créature où Dieu l'attacha par des liens sacrés et déchirans. Fondateurs des lois, voilez vos fronts pour ce fait, et si, pour récompenser cette femme de son malheur, vous n'avez trouvé que la mort, laissez-nous chercher dans l'amélioration des mœurs s'il n'est rien de plus moral, de plus humain, de plus digne de celui qui inventa la maternité et l'accouchement. Vous avez choisi l'être le plus sensible de la création, vous l'avez placé entre les passions et la honte, vous l'avez épouvanté au moment d'un mal physique effroyable et sublime, et si, au lieu de céder à la nature, il a cédé à la honte, vous l'avez tué honteusement.

Les esclaves aussi connurent de grands malheurs; les religieux furent martyrisés: des forfaits, sous tous les points du ciel, semblèrent accuser la nature; mais n'exagérons rien: dans le premier et rude mouvement du monde, bien des êtres durent être brisés.

Une pensée éclatante se présente partout et nous confond; nous ne la justifions souvent qu'en lui supposant des mystères; mais elle mesure notre bonheur au prix que nous faisons d'elle.

CHAPITRE IV.

Cette maternité où la femme avait un si tendre penchant, où on l'a tant gênée, lui est à la fois défendue et opposée à tout moment, comme si on ne la lui avait jamais interdite: ainsi, pour la guerre, pour la gloire, on nous oppose cette éternelle grossesse où l'on a attaché la honte. Non seulement il semble que les femmes accouchent toutes, mais qu'elles sont toujours enceintes; or, à la ville comme au village, la petite propriété a fort changé les mœurs.

Nous avouerons d'ailleurs ce qu'on proclame : oui, le passé, l'histoire, semblent prouver l'infériorité de la femme : sa facilité à adopter un préjugé, la vertu stupide dont elle s'est contentée si long-temps, déposent contre elle. Nulle nation n'a gardé ainsi contre son intérêt un principe absurde durant la suite des siècles. La manière lâche et rusée dont la femme a secoué le joug en jouant son maître, le peu de force et de dignité qu'elle a montré pour s'emparer d'une vie meilleure, lui seront justement reprochés. Ce sexe n'a rien produit qui l'égale à l'homme; si des actions héroïques ont montré sa valeur, si le sceptre fut tenu vigoureusement par ses mains délicates, si le cri de sa douleur a traversé les siècles, nulle femme n'est à comparer pourtant aux premiers hommes de l'histoire ou des lettres. Reines, nulle n'égala Alexandre; penseur, nulle n'est restée. Leur corps, leur santé fragile, leur faiblesse physique s'oppose-t-elle à ces puissans élans de la volonté et de l'imagination? Est-ce leur position inférieure qui gêna le complet développement de leurs forces? et Sémiramis n'est-elle pas comparable, pour le génie et la guerre, aux plus grands hommes?

Malgré cette maternité qu'on leur oppose, c'est dans l'action que la femme s'est le plus signalée. Peu d'écrits sortis de leurs mains sont dignes d'admiration; mais, comme reines, comme guerrières, comme chefs politiques, elles ont laissé de grands modèles : ainsi, les nations qui ont appelé les femmes sur le trône en ont trouvé plusieurs dignes du trône; les pays qui leur ont mis les armes à la main les ont trouvées habiles et intrépides; l'Italie, qui les a éprouvées plus que toute autre contrée, les a vues s'illustrer dans des genres différens, plus propres à l'action où il faut la vigueur de l'âme et du corps qu'à la pensée cultivée par tant d'hommes dans une vie sédentaire. Ceci est très remarquable : leur faiblesse, qui ne les empêche pas de porter l'épée, dompter les chevaux, dominer un royaume, leur refuse-t-elle la méditation, le langage, ces premières beautés qui ont placé les penseurs au dessus de tous ?

Si les femmes disent que le sentiment égale l'intelligence, qu'une mère surpasse les hommes par ses émotions, je demanderai que cette femme parle et que je l'entende ; car s'il s'agit d'une sublimité muette, le monde n'en peut rien savoir.

CHAPITRE V.

Si nous contemplons la vie des hommes, que de difficultés pour eux-mêmes ! Quel accord heureux il fallut de leur talent et de leur position ! Les temps favorables voient seuls naître les hommes. Pour les uns il eût fallu de plus prompts succès ; d'autres n'ont pas eu, comme Molière, pour les seconder, cour aimable, roi plein de goût, vices ridicules et hypocrites, position plébéienne, habitudes de la scène et des coulisses ; ou, comme Napoléon et Cromwel, un pays en révolution, la guerre, des institutions renversées, le besoin d'ordre et d'autorité. A voir le talent sans doute, son allure, son indépendance, on le croirait fils de Dieu seul ; mais l'histoire nous prouve qu'il dépend beaucoup des circonstances : un certain horizon a développé le talent d'un paysagiste, la foule des peintres et l'amitié de Raphaël fait Jules Romain ; Machiavel s'instruit dans les intérêts compliqués des républiques italiennes ; et les sciences, à Paris cultivées, produisent Cuvier. De ce concours de travaux, d'amitiés, de succès, s'aide l'homme ; mais quand la femme a tout contre elle, il faudrait qu'elle fût supérieure à l'homme même, pour aller aussi loin que lui. On peut rencontrer sur sa route quelque homme de génie qui a obtenu le respect et la foi de ses amis, mais qui restera obscur et mourra ignoré.

CHAPITRE VI.

Si jusqu'ici la femme a paru inférieure à l'homme, nul homme ne peut être sûr de ne pas rencontrer une femme supérieure à lui ; et il y a cette observation à faire : les deux sexes, avec des forces inégales à leur sommité, ont des formes assez balancées en général ; de sorte que la sœur est supérieure au frère, la femme au mari, la mère au fils, et qu'on ne saurait établir l'infériorité du sexe. C'est un trait remarquable de la relation des deux sexes, que cette supériorité de l'homme effacée à tout moment.

La justice crée les droits : si la femme a su faire le commerce, dominer sa famille ; si elle a été reine et guerrière, peut-on lui contester le droit de faire le commerce, de dominer sa famille, d'être reine et guerrière ? Nous demanderons d'abord pour les femmes une éducation plus forte, proportionnée à l'intelligence qu'elles annoncent, et l'étude de la morale telle que la civilisation l'enseigne.

CHAPITRE VII.

Depuis le commencement des sociétés, il y eut action de la morale et de la loi sur l'homme et de l'homme sur la loi; de sorte que non seulement les gouvernemens, les idées sont changés, mais aussi l'homme, sa personne, ses affections, sa manière d'être. Si l'on faisait revivre un paysan du moyen âge, et qu'on le mît en présence d'un de nos paysans d'aujourd'hui, on verrait deux hommes différens de force, d'impressions, d'allure: celui du moyen âge serait plus grossier, plus animal; ses sentimens seraient presque nuls; ce serait un *vilain*, en un mot, puisqu'au rebours de Rome, où la culture fut honorée, le paysan dans nos terres conquises eut à supporter le long mépris de l'épée. Quand on va travailler sur la morale, il faut savoir distinguer le caractère inhérent à l'homme et son caractère variable: l'homme est fils, époux, père; il conserve éternellement la même destinée; mais il peut porter dans les sentimens des caractères si divers que, vivant sur un fond semblable, il est dans les extrémités opposées: ainsi, Moïse et Caton d'Utique sont mariés; l'un tue sa femme si elle se donne à un autre homme; celui-ci la cède lui-même à son ami et la reprend plus tard. Jésus-Christ rive à jamais les nœuds du mariage, et l'antiquité les dénoue selon la convenance.

Le caractère primitif de l'homme, qui est la base de la loi, peut donc se modifier; il y a de plus des différences de races qui rendent les hommes plus ou moins sensibles à telle vertu ou à telle injure. Il y a des législateurs calmes et des législateurs exaltés; les uns cherchent le bonheur et la paix, les autres songent à la beauté; tous tiennent plus ou moins de leur temps, et s'inspirent de l'ordre moral où ils vivent. Plus les temps où ils agissent sont barbares, plus ils ont emprunté à ces temps ; car leur esprit n'a pu s'instruire nulle part que dans la barbarie ; si les temps sont éclairés, ils apportent aussi à leur pays des idées étrangères et puisent à différentes sources. A mesure que les temps s'éclairent, le législateur diminue de proportion et d'action ; chez les barbares, il est Dieu ; homme, chez nous, il cherche les intentions du ciel, mais il n'a plus pour lui le tonnerre et la foi. Il y aura donc des principes éternels et des principes variables : l'homme, éternellement père, fils, frère, amant, devra labourer la terre, souffrir, mourir ; éternellement ses passions perdront et retrouveront l'éclat ; éternellement il éprouvera des déceptions et ses jours seront mélangés. Étonné de vivre, s'effrayant de mourir, il trouvera la loi humaine cruelle ; il s'agitera sur la terre ; il cherchera quel créateur, quel maître l'a mis ici-bas. Placé sur la terre sans savoir comment, il pourra croire que c'est son devoir d'y rester, quoique rien n'indique qu'il n'ait pas droit de quitter violemment le poste.

La famille, l'union de l'homme et de la femme, le mariage, seront des lois éternelles ; mais le mode du mariage et sa durée varieront avec le caractère des peuples. Jésus-Christ, s'inspirant de l'amour qui dicte les engagemens sans terme, consacra la pureté, et rejetant le divorce établi par Moïse, enchaîna la nature dans les erreurs mêmes où elle peut tomber. Les Romains, qui restent les maîtres en tant de choses, avec la pureté de Jésus-Christ, avec l'instinct sublime des passions, honorèrent un sentiment unique, mais, n'exigeant pas de tous les hommes une égale perfection ou un égal bonheur, ils établirent le divorce. Le divorce suit les lumières et ce développement des intelligences cultivées qui souvent change un homme de vingt à trente ans.

Mais comment pourrait-on rejeter le mariage, la famille basée sur la nature de l'homme? A-t-on pu parler de mobilité, de changemens perpétuels? Chaque femme n'a-t-elle pas une grossesse de neuf mois! Là est la question. N'a-t-elle pas un allaitement d'un an? Sera-t-elle mère près d'un autre homme que le père de son enfant? Quoi! le créateur aurait-il établi si mal la paternité? Si de tels cas se rencontrent, ce sont des exceptions : c'est un malheur; la femme n'y consentira pas deux fois.

Étudions le genre humain à sa source, dans les villages et là où il est énergique chez les grands hommes. Nous verrons au village les affections de la jeunesse parvenir à l'âge mûr; et, chez les grands hommes, nous trouverons le besoin des affections éternelles et profondes. Le cœur ne développe sa puissance que par la durée : il faut avoir aimé, étudié un homme, l'avoir accompagné au loin, soigné malade, quitté, retrouvé : il faut des événemens et des années pour faire une passion. Si vous observez les caractères tendres et timides, vous leur trouverez le besoin de la fidélité; mais combien plus vous le trouverez chez les grands caractères. Sans doute des hommes et des femmes illustres, las d'être mal compris ou trompés, pressés par le besoin terrible d'aimer, ont jeté leurs sentimens au vent, sans espérance et sans illusion, quoique non pas sans douceur. Mais quand Dante livrait la fin de sa vie à des amours passagers, quel homme avait mieux senti une passion profonde, cette *antique flamme* célébrée par lui et par Virgile?

Chose étrange! qu'on veuille nous tenir à une morale barbare, fondée sur des instincts grossiers, qui nous défend des fautes qu'on ne connaît plus, qui nous interdit le divorce et la bestialité. Eh! lapidons-nous devant la maison de son père la fille qui a perdu sa virginité? La culture des esprits et l'égalité des fortunes sont surtout favorables à la délicatesse des mœurs, à laquelle l'ignorance et la richesse sont également contraires : la femme, comprenant la modestie, la pudeur, le charme des affections fidèles, n'est plus menacée de la mort. Durant la barbarie, on a pu demander à l'autre vie les récompenses pour la vertu : aujourd'hui, les récompenses pour la vertu sont sur la terre ; dans des jours de misère et d'inégalité, on a pu désirer avant tout un rang et des richesses ; au jour de l'égalité, on désirera les affections et l'intelligence, ce qui, avec le travail, donne le vrai bonheur et le véritable éclat. Quand par l'égalité la foule des hommes devient cultivée, c'est aux sentimens moraux qu'elle doit prétendre : car si tout homme n'est pas fait pour briller, tout homme est plus ou moins capable des sentimens de l'honneur et de la bonté. C'est par les femmes que ces sentimens se développent le mieux et que les hommes ont une vie intérieure, un foyer domestique, une existence au dessus de la vanité. En cultivant les femmes du peuple, on portera dans les classes marchandes ces sentimens civils, apanage d'un état libre. La moralité des femmes sera au profit des hommes, mais pour être loyale, il faut être libre, ni forcée, ni battue. Quand le pouvoir moral succède au pouvoir matériel, la femme ne craint plus les coups.

Les sentimens de la nature inspirent à l'homme la véritable égalité, qui naît surtout de l'humanité. Voyons la femme riche devenue mère : son éducation et sa richesse sont oubliées ; il y a une loi de maternité qui la rapproche de toutes les mères ; il y a une enfance confiée à sa tendresse, débile, dangereuse, qui l'intéresse à tous les enfans. La voici, marchant dans les promenades, suivie de son enfant aux bras de sa bonne ; elle regarde les enfans du même âge : elle les aborde, elle parle aux mères, elle questionne ; l'enfant est-il bien mis, est-il du peuple?

peu lui importe ; elle cherche s'il est beau, s'il est plus fort que le sien ; elle est jalouse de l'enfant du peuple en guenilles, s'il est vigoureux : examinant ses bras, ses membres. elle questionne également ses amies et ses servantes, pour savoir si elles ont été bonnes nourrices, si elles ont supporté avec plus ou moins de douleur la crise qui lie ensemble toutes les femmes. Une tendre pitié pour les mères pauvres, pour l'enfance mal nourrie, lui fait soulager l'infortune : cette loi, plus forte quand l'enfant est débile, se soutient quand l'enfant devient adolescent : les jeunes garçons du peuple, exposés à tant de dangers divers, attendrissent la mère qui voit son fils grandir pur et préservé des dangers de cet âge. Appelez ces mères à soigner l'éducation du peuple. Répandez au dehors cette tendresse maternelle qui, devenant violente chez la femme du monde, l'expose à mille tourmens et fatigue l'enfant qui en est l'objet ; cette tendresse excessive, qu'il ne partage pas au même degré, l'importune et l'inquiète, combattu entre son penchant pour le jeu, le hasard, le danger, et la crainte d'affliger sa mère. Jetez sur l'enfant du pauvre cette passion maternelle qui intéresse à l'enfance. Suivez l'indication de la nature qui, aussitôt qu'elle éveille chez l'homme un sentiment, le lie plus étroitement à son espérance, en la lui faisant chercher et étudier.

CHAPITRE VIII.

Nous avons parlé de différence de races qui rendent plus ou moins sensible à telle ou telle vertu. Ainsi, l'italienne et l'anglaise, avec des mêmes principes généraux, auront des impressions différentes. La première, plus forte, sera sensible à des beautés de passion; la seconde estimera la chasteté et la modestie. L'une songera à sa dignité, et l'autre à sa puissance. Là où les passions sont faibles, la pudeur l'emporte. La femme anglaise rêve une vie pure, renfermée dans sa famille: le poète de son pays célèbre le premier baiser des vierges, et la morale porte le caractère d'une nature modeste qui ne brûle qu'une fois. Au midi, la nature a d'autres qualités, d'autres faiblesses: la virginité y obtient peu d'hommage; les passions s'y allument à plusieurs reprises avec une égale fraîcheur; là, la femme est rarement fidèle à un sentiment unique; comme l'homme, elle en connaît plusieurs; à différens âges une nouvelle jeunesse lui rend comme les premiers battemens du cœur et la rougeur du front. Le poème de sa vie recommence. Ainsi dans l'Inde, ainsi en Égypte, ainsi dans les contrées brûlantes où la terre aussi ouvre son sein pour de doubles récoltes. Mais pour les femmes du nord et du midi la passion gardera son caractère immortel, et celles-ci aspireront aussi à un sentiment sans terme. Nous voyons rarement un grand homme, dans l'histoire d'Italie, sans voir à côté de lui une femme digne de lui, soit dans le bien, soit dans le mal: avec Brutus, Porcie; avec Pison, Plancine; avec Néron, Agrippine; avec Trajan, Plotine. On en pourrait remplir des pages.

CHAPITRE IX.

Rousseau a dit que les hommes dépendaient des femmes par leurs désirs, et les femmes des hommes par leurs désirs et leurs besoins. Ceci est vrai jusqu'à un certain point; car si beaucoup de femmes vivent de leur travail, celles-là du moins sont indépendantes des hommes pour leurs besoins.

Le travail est un des premiers motifs qui ont donné le pouvoir à l'homme. A tout moment nous trouvons la raison de ces lois primitives que la civilisation nous mène à modifier. L'homme eut le soin des batailles et la culture des terres; la femme fut pauvre. Partant de sa faiblesse véritable, on n'admit pas les exceptions qui se rencontrèrent. L'homme gagna du pain, tandis que la femme filait. Cependant les femmes intelligentes et absolues surent s'emparer des affaires de la maison et de la boutique, montrèrent plus de capacité que leurs maris; et, tandis que d'autres femmes devenaient reines et guerrières, celles-ci eurent des comptoirs et des magasins. L'esprit de la femme se trouva propre au commerce. A quoi d'ailleurs comparerons-nous mieux les femmes frivoles de la société qu'à des lingères? Ces femmes sont tout-à-fait semblables à leurs marchandes; la journée des unes et des autres s'écoule de même; leur langage à chacune est affecté et ridicule. C'est à un commerce plus difficile et plus important que nous appelons les femmes intelligentes. Dans une société où l'égalité règne, et avec elle la pauvreté, il ne faut pas que les femmes bien élevées craignent de faire le commerce; c'est par le travail qu'elles seront libres et qu'elles se feront aimer. Le commerce de la librairie pourrait passer dans leurs mains. Il vaut mieux vendre des livres pour vivre que d'en faire. L'homme aime beaucoup la femme quand il y trouve un intérêt ; chargé du soin de la famille, il lui plait que sa femme l'aide dans ce soin, industrieuse et riche. Les femmes s'affranchissent des hommes en leur apportant une fortune, qu'elles doivent partager avec eux, sans la livrer, car elle est plus en sûreté dans leurs mains, mieux gardée aux enfans, plus à l'abri des passions personnelles et de la vanité.

CHAPITRE X.

Le danger, c'est que la fille soit mère ; que, libre du préjugé, elle ne mette pas assez d'importance à la loi sacrée du mariage et qu'elle ne livre imprudemment à la vie des enfans qu'elle ne peut pas toujours soutenir.

Ce grand danger a justement ralenti le zèle des réformateurs éclairés. Malheur à celui qui change la loi pour faire plus mal ! Ne comptant pas sur la raison des filles, on effraya leur pudeur au lieu d'effrayer leur prudence. La prudence appartint à l'homme ; la sagesse lui ordonna de ne pas rendre la fille mère, et la fille lui résista. Cet arrangement fut long-temps profitable ; mais qu'est-il arrivé ? Au village, où l'on ne l'observa guère, où la fille céda à son amant, l'homme qui l'avait rendue mère l'épousa toujours ; et à la ville, où la fille fut chaste, l'homme évita le mariage pour l'attaquer et le troubler où il existait.

Le tiers des enfans qui naissent à Paris sont des enfans naturels. Quand une ville en est là, on ne doit

doit pas redouter de changer quelque chose à sa morale.

L'égoïsme et la vanité, la prudence et l'ambition, à la ville, empêchent l'homme de se marier; craignant de se charger d'une famille, il sacrifie les belles années de la vie et de la tendresse. Si les filles étaient moins timides et moins stupides, peut-être vaincraient-elles; mais tout concourt à séparer ce qui pourrait s'aimer honnêtement. Des femmes mariées ou des femmes perdues s'emparent des hommes, et les filles restent seules.

Avec l'égalité, les mœurs se rapprocheront plus du village; les hommes seront meilleurs; les filles, plus hardies et plus séduisantes. Les affections seules charment une vie frugale. L'homme studieux, qui se livre aux sciences dès sa jeunesse, a besoin que la beauté, les soins, l'amour d'une femme, ornent sa vie: c'est dans une société libre et philosophique comme est la France que le mariage sera le plus heureux.

De quel droit d'ailleurs la société immole-t-elle à son repos des créatures vivantes, des femmes qui, aux deux bouts de la chaîne morale, expirent, les unes dans un isolement forcé, les autres dans une dégradation abominable? De quel droit sacrifiez-vous cette infortunée qui marche en aveugle, sans savoir les dangers déplorables qui l'attendent; vous lui souriez au premier pas quand elle s'engage, imprudente et légère: son insouciance et sa bonté vous plaisent; elle a souvent tendu généreusement la main au misérable qu'elle va remplacer aux hospices. Les esclaves sont moins à plaindre; on en fit une traite moins atroce. Et cette honnête fille du bourgeois pauvre, qui doit vivre sous les yeux de sa mère, qui soupire et souffre, que tout contrarie; cette fille, qui meurt avant trente ans, quel crime a-t-elle commis? Et la coutume de l'Inde qui, encore aujourd'hui, tue à sa naissance la fille qui ne trouvera pas de mari, n'est-elle pas plus humaine? Les religions ne mirent nulle différence entre les devoirs de chasteté pour l'homme et la femme, mais quel est l'homme qui voudrait souffrir et mourir pour observer la défense?

CHAPITRE XI.

La femme supérieure ressemble à l'homme supérieur; l'esprit humain s'exerce sur de mêmes objets. Sa jeunesse sérieuse a cherché les livres, les sciences, connu son énergie et voulu l'employer. La plus grande différence de cette fille avec l'homme est dans ces jeux où la maternité s'annonce, où la jeune fille habille, déshabille, endort, embrasse le fantôme d'un enfant. Tels sont les soins qu'elle aime; mais la vie domestique, les occupations du ménage, les détails de sa parure, l'ennuient. Vivant avec les femmes héroïques et les grands hommes, elle songe à les suivre et les étudie délicieusement. Ne doutons pas que cette fille n'ait une morale relâchée; trouvant rarement unis les grands caractères et la régularité des mœurs, elle ne mettra pas les mœurs au premier rang, mais la passion va naître pour elle, qui lui donnera la dignité et la morale.

La jeune fille sera plus sensible qu'une autre femme à la crise qui nous donne l'existence: une tristesse profonde, des impressions extraordinaires, un ennui sans fin, s'empareront tout à coup de sa vie; elle aborde l'idée de la mort, qu'elle n'avait jamais envisagée: sa vie, sa fin, l'étonnent. Pourquoi est-elle née? Où va-t-elle? Son cœur bat, son front rougit, les jeunes hommes la troublent; elle baisse les yeux, elle baisse la tête; sa raison se perd, un désordre général succède à l'innocence. Ardente, humiliée et puissante à la fois, la sagesse la soutient; sans doute Dieu a bien agi: elle domine son trouble, elle observe cette crise. Comme toute chose ne se trouve pas à son moment sur la terre, peut-être cette fille connaîtra jusqu'à l'égarement le trouble affreux des vierges, dont nul mot ne peut rendre l'horreur; ses tourmens, ses frissons, son épouvante, fixeront en elle les principes d'une vertu possible et non atroce: dans son supplice, elle lira les intentions de Dieu; son organisation forte la menant jusqu'à lui, devant lui, elle prendra la haine des couvens et des lois qui ont opprimé les femmes; et elle mettra son devoir et sa religion à les combattre.

Sa passion trouve enfin son objet: ici, qui pourrait la retenir? Sera-ce la convenance, le préjugé? Il y a une volonté de la nature, la femme la plus forte est la plus subjuguée. Comme l'homme, elle s'enivre, elle cède. Sa passion sera portée jusqu'au bout avec un entraînement irrésistible. Si c'est dans un mariage heureux, quoi de plus sûr que sa fidélité et sa vertu, riches par les années? Mais avec les idées de nos temps, il est plus probable que cette femme trouvera dans la passion ces émotions et ces douleurs qui nous font croire que l'univers s'ébranle, qui nous sortent de nous-mêmes et nous donnent la conscience de pouvoirs universels et immortels. Eût-elle un caractère heureux, satisfait par l'étude et l'amitié, rien ne compensera pour elle le sacrifice de la passion aux petitesses, la vertu du sentiment immolée à la peur, la maternité faussée par un mariage mal assorti ou des ruptures barbares.

Si cette femme, égale des hommes, est condamnée pour des actions qu'on ne leur reproche pas, elle s'en étonnera justement. Pourquoi lui demander autre chose qu'à eux, puisqu'elle est autant qu'eux? Et d'ailleurs, combien plus elle aura gardé de fidélité et de délicatesse! Quel est l'homme qui ne rirait pas, si on s'informait de sa chasteté? Ces préjugés ne vont plus avec nos lumières. Une femme forte pourra accepter une loi, une règle de vie; nulle n'acceptera une loi de mort, nulle ne voudra vivre ignorante et solitaire avec un cœur fermé et des entrailles muettes.

Si notre but est de soulager les femmes de toutes les classes, si l'humanité est le premier devoir, nos sympathies, comme la gloire de l'entreprise, sont attachées à ces femmes illustres qui ont été aussi les plus dignes de pitié. C'est elles, c'est leur grand caractère qui nous émeut et nous enchante. C'est en songeant aux passions qui naîtront par elles sur la terre, que les femmes peuvent se consoler de leurs chagrins et des frivolités qui les ont causés. Les femmes enseigneront aux hommes à aimer. Puisqu'ils sont timides, que l'opinion règne sur eux, elles changeront l'opinion. Associée aux travaux des hommes, agissant avec eux, des passions naîtront, aussi nobles que le pouvoir. Ce que l'homme connaît de plus doux, c'est l'amour; et si nous questionnons un homme d'action sur sa puissance ou sur sa jeunesse, il s'attendrira sur le temps de ses amours et non sur le reste. Les émotions unies au pouvoir ont fait les destinées les plus brillantes; les grands hommes les ont beaucoup cherchées, et ils ont eu des travaux, une paternité et des jours délicieux, quand ils ont connu les affections délicates.

CHAPITRE XII.

On a fait cette objection judicieuse, que si les femmes font les études des hommes, elles se croiront toutes supérieures; qu'il y a bien assez des prétentions des hommes, et que si les deux sexes out des prétentions pareilles, il y aura lutte entre eux.

En ouvrant les rangs de la société à toutes les classes, on les a ouverts aussi à la médiocrité. Et ici nous aborderons la question entière.

CHAPITRE XIII.

Si la nature a mis une égalité générale entre les hommes, égalité que la société en France a voulu établir, la nature a pourtant consacré avec non moins de force l'inégalité. Si le commun des hommes est soumis à des idées, des besoins pareils; s'ils semblent une famille de frères, quelques uns d'entre eux, pourtant, se détachent, comme les lis des champs, pour dépasser les autres.

La nature a créé cet homme aux facultés bornées, qui se plaît aux travaux des mains, à la lutte, à la rivalité des parures, qui voit sans observer, aime sans passion, ne s'inquiète pas de la mort, vit de la vie des brutes, auxquelles il ressemble. La nature a doué cet autre homme de ses faveurs puissantes et délicates : sensible à la beauté du séjour qu'il habite, il contemple aussi ses semblables ; son ame agitée, son esprit étendu, s'exercent sur tous les objets. La nature a créé de même la femme belle et ambitieuse , qui mêlera les idées à l'amour, et la femme douce et timide, qui ne connaît rien que la tendresse. Celui-ci s'enflamme pour son but, pour une injure; il veut avec ardeur, avec emportement: sa voix est menaçante; il saisit ce qui est sous sa main pour frapper; il attend Clitus et le tue. Celui-là marche lentement, modère ses actions, confond l'injure par son raisonnement. Au fond des déserts, au sommet des montagnes, au sein des ondes, les animaux suivent la même diversité: leur roi toujours s'élancera superbe du fond de ses cavernes; les habitans des airs se plairont sous l'ombrage frais des bois ou sur le pic ensanglanté par leur proie, et les flots amers de l'océan sans bornes feront périr les débiles habitans des eaux douces.

Les hommes diffèrent comme individus, comme races, comme nations: le génie a suivi le soleil depuis l'origine de l'histoire, et les nations du nord ont dominé les autres, plus encore par des qualités négatives que par l'habileté.

Le printemps commence sous des climats différens: le soleil va reparaître, dégagé, vers les tropiques, de cette ligne de vapeurs qui le couvrent depuis les pôles; déjà au midi et au nord un doux frémissement annonce sa présence; chaque homme la ressent: mais quelle différence dans le moment et la force des émotions! Il faut avril ici pour le premier soleil, quand le midi déjà luit de tous ses feux. Ici le dieu du jour impuissant perce à peine des brouillards qui se disperseront pour peu de jours; les campagnes s'élargissent; un horizon, qui ne paraît que durant quelques heures, montre des formes inconnues, rentrées bientôt dans la nuit; la couleur des airs, ce bleu où se joue la lumière, semble une couleur nouvelle; le peuple, réveillé d'un long sommeil, commence à s'animer; il sort dans les campagnes et dans les rues; les enfans, les femmes, avec une parure d'hiver, quittent ces sombres masures que le nord appelle des maisons; les chevaux, les livrées se pressent aux portes; les promenades publiques se couvrent de voitures; ici le soleil éveille la vanité; quelques femmes à cheval essaient le seul courage qu'on leur permette, et leurs blonds cheveux volent au doux air naissant.

Et déjà Naples, brillante de lumière et retentissante des cris du peuple, se plaît à la fraîcheur des flots; les mille ruisseaux de Terni coulent plus rians au bas de la cascade vaporeuse et bruyante. Tivoli se rit dans la verdure de ses eaux vives et de ses coteaux; les campagnes de Rome sont pressées du soleil; le midi étincelle; les orages se jouent au haut des airs; la chaleur, la foudre, les filles du soleil, cherchant un équilibre, lancent l'éclair au sein des nues, font retentir les échos des montagnes, grossissent d'une pluie furieuse les torrens épuisés. Tout est violent au ciel et sur la terre; les émotions de l'amour se réveillent terribles, irrésistibles; la femme italienne, au teint brun, au front fait pour le diadème, baisse ses yeux noirs pleins de douceur et de flamme; l'homme la suit, la supplie; l'amour enivre la nature qui s'abandonne sans crainte et sans combat. Au nord, le printemps est l'oubli passager de l'existence; au midi, c'est une émotion profonde, le signal de la vie qui commence. Comblé des voluptés que sa nature prodigue, le midi oublie délicieusement les soins du monde : aimer, rêver, écouter les secrètes harmonies de la nature, chercher dans les sons des émotions au dessus de la parole, sentir chaque moment comme un bienfait, exister enfin tandis que le nord travaille, c'est son partage.

La nature a créé peu de chefs et un peuple immense, ceux qui pensent et ceux qui suivent; nous serions humiliés tous si nous savions combien peu de nos idées sont à nous. D'après la création, il y a sans doute un *peuple* et des *seigneurs*. Le mot de *peuple* a été entendu différemment, parce qu'il a signifié deux choses différentes : les uns ont entendu par *peuple* cette source féconde d'où tant de talens sont sortis, la masse des hommes, riche d'avenir, d'émotions, entre lesquel· subsistent des hommes d'élite ; les autres ont entendu par peuple ce qui doit à jamais rester peuple, une sorte de gens bornés, vulgaires, qu'on retrouve dans toutes les classes, qui, rendant l'aristocratie frivole, l'église ridicule, impriment la borne de leurs sentimens dans les lois morales, et altèrent le caractère et les passions des autres; c'est là le peuple voué à une éternelle roture.

Sans doute rien ne fut précis : la fusion des qualités humaines ne semble soumise à nulle loi ; un caractère timide s'unit souvent avec un esprit hardi ; le poète ne saurait toujours, comme Camoëns, combattre et chanter; et les plus grandes erreurs sont venues souvent des esprits les plus justes.

CHAPITRE XIV.

La nature a-t-elle voulu donner la souveraineté au grand nombre? Comment l'aurait-elle voulu quand elle a doué le petit nombre? Elle a formé les chefs. Ces chefs sont plus nombreux avec la civilisation, car ils sont pris dans tous les rangs de la société. S'ils sont nés avec des esprits portés aux grandes actions, avec le courage, le sentiment du beau, qui ne comprend que ces hommes sont nos chefs, qui ne désire les voir nos chefs? Le talent n'eût rien fait sans les masses qui l'aident et le suivent; mais que feraient les masses sans le talent qui les a originairement nourries, vêtues, abritées : à chaque âge, quelques héros et quelques inventeurs, recevant sans doute leurs premières connaissances de la société où ils vivaient, mais s'acquittant à outrance, ont posé les lois, fondé les villes, trouvé les arts. Dans la réaction de la société sur l'homme et de l'homme sur la société, l'homme supérieur seul paie le monde de ce qu'il en reçoit ; le reste prend, accepte et ne répond pas.

La foule, qui n'est propre à rien créer, est propre à s'enchanter de ses chefs : c'est sa seule manière de les payer. Immobile par elle-même, l'éloquence, l'action, la guerre, l'exaltent et la transforment ; prenant vie à la voix d'un homme, elle le suit, le croit, préfère les périls avec lui au repos sans lui ; les vulgaires intérêts sont oubliés par elle pour cette existence passagère et communiquée. C'est surtout chez les nations du midi qu'on est frappé de cette destinée éternelle des uns pour dominer, des autres pour admirer. Un besoin également vif entraîne les talens au pouvoir et les nations à l'enthousiasme.

CHAPITRE XV.

Et qu'on nous permette de le remarquer, quand la vieille société disait : *Dieu et mon épée*, elle savait bien ce qu'elle disait. La nature est la première origine des pouvoirs, ce qui n'est pas contraire à la souveraineté du peuple ; car la nation possédant les chefs dans son sein, c'est l'ensemble qui est libre et souverain en gardant chacun la place que la nature lui assigne, soit dans la foule, soit à la tête de la société. La nation est souveraine sous cette hiérarchie d'un ordre primitif, ordre qu'on établit d'abord plus ou moins justement, mais que la société atteindra de mieux en mieux avec la civilisation.

Dès qu'une civilisation quelconque est née, l'esprit s'en empare, en voit le caractère, la richesse, pose les principes et les lois. Lorsqu'après des siècles, nous venons tourner en ridicule cet échafaudage, c'est souvent faute de comprendre la profondeur de l'esprit et sa variété. Nous ne connaissons pas l'origine des sociétés; mais nous ne pouvons pas supposer un ordre absolu pour des races diverses ni pour une espèce toujours variable, qui, de génération en génération, change de besoins et de caractères, et demande de nouvelles lois. Il faut seulement voir si les époques furent pleines.

Quand nous arrivons à une révolution morale et sociale, nous ruinons par morceaux l'ordre ancien et nous restons sur des débris sans avoir rien encore reconstruit qui vaille ce que nous devons surpasser. Alors, vainqueurs de nos pères et maîtres encore de nos enfans, nous pouvons jeter un regard en arrière, nous calmer, penser, et préparer avec sagesse des travaux nouveaux.

CHAPITRE XVI.

Voyons d'abord comment la société, plaçant quelquefois au rebours les priviléges, dotant l'homme fait pour servir, a amené des résultats contraires aux volontés de la nature. Observons l'homme borné riche : ses petits besoins et ses grands moyens vont lui être une perdition ; d'abord s'éteindront les affections de son cœur : c'est à peine si l'homme supérieur peut les garder devant la vanité ; celui-ci, ébloui de lui-même, ne pouvant faire de ses richesses un instrument à ses désirs (puisqu'il n'a point de désirs), les prendra pour unique but, s'occupant de les augmenter, achetant des bijoux et des meubles; chargé d'un pouvoir étranger dont il ne sait trouver l'usage, il s'entoure de domestiques, non pour s'en servir, mais pour s'en occuper; ce que la richesse produit de grossier devient son objet, les procès, les détails. Il outre les jouissances et les douceurs; il devient malade, dédaigneux, dur; il vit seul; ses richesses lui ont ôté le bonheur sans lui rien donner; sa famille en est victime; sa fille s'est éprise d'un homme sans fortune, on la marie de force à un seigneur; le fils est séparé de ses amis de collége. C'est ici le roturier riche; voyons le noble. Avec plus d'élégance, c'est aussi bête : une naissance vide, qui ne produit que des meubles, est au rebours de cette première pensée héroïque qui donna le monde au courage. Ces dames se glorifient de leur rang, à propos d'un bal, d'une loge : celle-ci est reine et ne sent rien de la royauté; éprise du plus vulgaire amant de son royaume, enfermée dans ses appartemens, un amour frivole l'asservit; tout va mal. L'armée est sans chef, car elle l'a mise aux mains de son amant. Le conseil attend, languit; jamais la reine ne s'y montre fière et résolue. Déjà sur la mer voisine paraît la flotte ennemie; mais la reine l'oublie. De petits vers, d'insipides lectures, un diadème que Cellini eût désavoué, des dames toutes-puissantes, une servitude qui règne, caractérisent cette cour. Le fils s'annonce semblable à la mère : il manie l'épée, mais il excelle à sauter à la corde, monte à cheval, et souvent, comme Néron jeune, il conduit son char lui-même. Une atmosphère de stupidité tient cette cour unie et contente; le peuple autour reste dans l'ignorance; les grands hommes s'éteignent ou s'enfuient, et le soleil, comme au repas d'Atrée, devrait reculer. Ces souverains, ces riches, sous l'égide d'une douce pauvreté, eussent vécu honorables et contens; débarrassés de soins pénibles, ils eussent mené jusqu'au terme des affections aimables et riantes comme on les trouve au village.

Pour l'homme intelligent, au contraire, la richesse n'est que l'instrument des besoins; il lui faut voyager, comparer, marcher vite, car il est impatient et laborieux; ses idées élégantes, ses impressions poétiques, demandent le luxe et la beauté. Ce n'est pas seulement dans les palais, entre les murs, qu'il la cherche; il s'inspire au bord des fleuves, sous l'ombrage des oliviers, sur les rivages de Gènes, sur la Propontide, à Grenade et à Tusculum; ses bibliothèques sont choisies; ses collections, précieuses; sa main libérale appuie les talens naissans. S'il est appelé aux affaires qu'il ambitionne, il y portera un à-propos que les hommes vulgaires n'ont jamais; il saura créer pour l'action, pour la politique, comme on crée pour les arts, pour les lettres, tandis que les autres, portant au pouvoir un esprit fait pour servir, répondent à toute demande par la loi ancienne, n'ayant compris que ce qu'on leur a enseigné. La médiocrité, noyée dans ces puissantes eaux où le génie surnage, inventa enfin une morale bâtarde, stupide, qui, faisant marché avec le vice, s'appela bon ton, bon goût, et régla les grandes choses par les petites. Prenant l'homme au berceau, elle entraîna jusqu'aux plus fermes dans son égarement ridicule. On entendit dans les cours un langage barbare; les places furent le prix de la parenté et de la frivolité; tout se conduisit par l'intrigue. Les talens de premier ordre se corrompirent ou se réfugièrent dans la solitude, et les talens de second ordre, dupant le reste du monde et perdant toute vertu, s'emparèrent des affaires pour les abaisser. Ce fut alors que le peuple indigné, conservant dans son sein le sacré dépôt que Dieu garde à la frugalité, se souleva pour rétablir les droits de la justice et de l'égalité.

CHAPITRE XVII.

Si la richesse doit appartenir à la supériorité et lui être un instrument utile, loin de nous l'idée que la supériorité n'aura qu'à être riche pour agir. Les grands hommes qui ne furent pas soutenus par la religion, les principes, une éducation forte, un pays sérieux, ou des institutions publiques, se perdirent, et, avant leur mort, s'abaissèrent aux yeux des hommes. Ainsi, on les vit commencer par l'austérité, la victoire, et finir par la débauche et la sottise. Ceux, au contraire, qui, agités par les questions religieuses, virent un Dieu dans la nature, ceux qui eurent une éducation forte et un pays illustre, ceux-là menèrent heureusement au port leur noble vaisseau. Salut, hommes antiques; salut, chrétiens et philosophes qui étendîtes vos pensées par la vertu!

Le talent sans doute agit par inspiration, veut la guerre, le pouvoir, comme un effet de son existence; mais, loin que les grands hommes soient en dehors des idées de leur pays, ils les adoptent souvent avec plus d'énergie que les autres hommes; portant à l'excès ce qu'on leur enseigne, ils haïssent les Romains comme Annibal; ils peuvent garder l'ancienne vertu ou se précipiter dans la corruption nouvelle. Les grands hommes ne descendent pas des nuages; vivant sur terre, au milieu des hommes, s'ils sont penseurs il leur faut un long travail pour secouer les empreintes du passé. Les hommes d'action ont du caractère, mais les hommes de talent n'en ont pas toujours : chose singulière que la dépendance où les esprits distingués tombent parfois des esprits médiocres! Des poètes, des écrivains, intimidés par le monde, s'en laissèrent dominer. Rousseau ne met-il pas la vertu de Julie à abandonner Saint-Preux, à tromper M. de Wolmar? Elle pliait devant son père, là était sa vertu; mais le père est haïssable, Wolmar est haïssable. Rousseau n'a rien présenté ainsi; il n'a vu que le triomphe d'une passion et l'obéissance; heureusement son génie se relève indompté, et Julie meurt comme elle eût dû vivre. Rousseau est un de ces exemples fameux que Bacon cherchait comme des flambeaux. Si ces hommes sont dans la solitude, n'écoutant que leurs instincts, ils rendent des oracles; mais, vivant dans le monde, ils cèdent et s'égarent. Pourquoi la misère leur fut-elle une école utile? Parce qu'à défaut de principes dignes d'eux, elle les préserva : nul aveuglement ni nulle douceur ne facilita ni n'égara leurs pas; leur jeunesse éprouvée ne dut sa joie qu'à la nature; un sort sévère leur montra les choses humaines dans leur caractère sérieux et vrai; une pitié, chèrement apprise, les rendit accessibles aux maux de leurs semblables : la misère, qui écrase le vulgaire, renforce le talent, et son poids le prépare pour toutes les charges. Si bien des choses futiles peuvent amuser un homme, il n'en est pas tant qui puissent le consoler. Les hommes de talent se réfugièrent dans les lettres; ils cherchèrent la philosophie, et, n'ayant ni richesse ni plaisir, ils aspirèrent à la vertu.

Suivons les pas errans de Dante; voyons son orgueil résister à la proscription; l'exil, excitant ses haines, le poussa vers un parti qui n'était pas le sien; ce malheur, injuste, affreux, priva un citoyen de sa patrie, troubla l'harmonie que Dieu met entre le bonheur et la puissance morale. Mais quelle hauteur, quelle dignité Dante montra dans son malheur!

Quand on lui offrit de rentrer dans sa patrie à des conditions qu'il trouvait humiliantes, comment répondit-il! avec quelle élévation soutint-il la dignité des lettres et de la philosophie! A-t-on entendu de nos jours parler plus noblement!

«........... Est-il généreux de me rappeler dans ma patrie, à de pareilles conditions, après un exil de trois lustres? Est-ce là ce qu'a mérité mon innocence? Est-ce là ce qui est dû à tant de veilles et de fatigues? Ah! loin d'un homme familiarisé avec la philosophie la stupide humilité de cœur qui le porterait à subir, en vaincu, la cérémonie que vous me proposez, comme l'a fait certain prétendu savant, comme l'ont fait d'autres misérables! Loin de l'homme accoutumé à prêcher la justice, et qu'on a dépouillé, la bassesse de traiter ses ennemis comme des bienfaiteurs! Non, mon père, ce n'est pas là pour moi le chemin de ma patrie. Si vous en connaissez un qui laisse intacts mon honneur et mon renom, me voici prêt à y marcher à grands pas. Que si, pour retourner à Florence, il n'en est pas d'autre, je ne retournerai point à Florence. Eh quoi! ne puis-je pas partout contempler le soleil et les astres? Ne puis-je pas me livrer partout à la douce recherche de la vérité? Irai-je m'avilir dans la cité des Florentins? Non certes! non pas même pour avoir du pain! »

Pétrarque, exerçant une influence énorme sur son siècle, éprouvait pourtant le préjugé du rang et de la naissance. Il le secoue, et, fort de son mérite, il quitte et salue cette maison Colonne qui l'avait protégé comme un plébéien, en disant au prince Etienne Colonne : « Je veux la liberté, enfin, et je vais la chercher. »

Quelle modestie dans la vie des hommes illustres qui unirent la pauvreté aux études savantes! Citerons-nous les artistes italiens, leurs mœurs simples et enjouées? Donatello, laissant tomber les œufs, le pain, les fruits qu'il portait dans son tablier pour son déjeûner, en voyant le christ de Brunelleschi? Racine, qui, après les plus grands succès, oublie durant des années la scène, et se renferme dans la vie domestique et les soins de la religion, puis reparaît pour faire Esther et Athalie? Mme Dacier, qui devient, comme Héloïse, éprise de son maître, l'épouse, et passe de longs jours dans le bonheur et l'étude? Vico, avec sa famille si pauvre, sa fille charmante et adorée, son amour pour l'Italie? « Ma chère patrie m'a tout refusé, dit-il dans un sonnet, je la respecte et la révère. Utile et sans récompense, j'ai trouvé déjà dans cette pensée une noble consolation. Une mère sévère ne caresse point son fils, ne le presse point sur son sein, et n'en est pas moins honorée. »

D'autres, au pouvoir, nous montrent une vie aussi remplie : Charlemagne, Bacon, Montesquieu, Byron, surent étudier malgré leur fortune. Bacon et Byron payèrent cher la leur pourtant, et Montesquieu disait en quittant Paris : « Je retourne à la Brède pour rester citoyen. » — L'Angleterre, inspirant l'aristocratie par ses institutions, a montré des écrivains dans un haut rang; mais le plus grand, Shakespeare, était un misérable, quoiqu'on ait voulu rattacher à la gentilhommerie cette gloire royale, et faire descendre César d'un baronnet, pour la joie de la muse, fille du ciel, qui s'est moquée avec les dieux de la grossièreté du nord.

CHAPITRE XVIII.

Avec la civilisation, la supériorité change de caractère, mais c'est plus en apparence qu'en réalité. L'homme qui triomphait par le glaive, qui entraînait les Germains ou les Francs à sa suite, avait l'habileté, la bravoure, l'observation, le goût des affaires: cet homme aujourd'hui n'a plus de glaive, mais les affaires sont encore à celui qui a les mêmes qualités. Des hommes, que leur santé et leur faiblesse physique eussent éloignés de l'action, prennent rang aujourd'hui par leurs écrits.

Qu'est-il arrivé dès l'origine du monde? Les privilèges avec la science se sont rangés d'un côté; au sein de la barbarie, quelques hommes, maîtres des richesses, ont marché plus vite que le reste des hommes qu'ils entraînaient à leur suite, fondant la science du gouvernement et de la philosophie. Maintenez l'égalité, tenez ces hommes tous rustres et pasteurs, et la civilisation n'est pas née. Les Anciens ravirent à une partie des hommes non pas seulement l'égalité, mais la liberté; ils eurent des esclaves et ne connurent pour eux-mêmes que des occupations civiles. Le territoire des républiques était petit, le partage fut des plus inégaux et le progrès, des plus rapides. Nous nous éloignons tous les jours davantage de ces moyens malheureux. Si l'on dit qu'il en pouvait, même dans les temps passés, exister de meilleurs, nous ne discuterons pas ici cette question. Dans l'univers, il arriva en général ce qui arrive aujourd'hui en Angleterre: la richesse compta par dessus tout, mais l'esprit la dirigea. Le principe était au rebours. Le talent doit dominer le monde matériel; alors, le monde matériel domina le talent sans pouvoir s'en passer.

CHAPITRE XIX.

Le monde ne marche que par l'esprit, et l'esprit se fait jour, arrive, domine, parce qu'il a les vrais moyens de succès. Le pouvoir de l'ame est peu de chose si l'intelligence ne l'éclaire pas; le pouvoir de l'intelligence est énorme, même quand il n'est pas secondé par l'ame. Les passions ou la faiblesse des grands hommes ont été à redouter, mais plus l'esprit en soi-même est puissant, moins on doit le craindre: car qu'est-ce que l'esprit? C'est le moyen de comprendre l'univers; il faut seulement demander : L'univers est-il moral, la création de Dieu est-elle morale? Cette création peut nous épouvanter sous des rapports importans, mais les détails en sont moraux, et les sociétés ne marchent que par la moralité. En étudiant la nature, les plantes, les animaux, les hommes, nous voyons un ordre moral et saint qui se rattache à un monde de pensées, de lois, d'affection et d'attendrissement. En étudiant la politique, nous voyons que la loi, ouvrage de l'homme, a dû suivre l'exemple que lui donnait la nature et empreindre son œuvre de cette proportion, cette justice, cette élévation qui caractérisent les ouvrages de Dieu. Le talent a pu violer les lois par ambition ou par faiblesse; mais les grands hommes ne furent jamais méchans. Les méchans furent les gens bornés. Et trouvons là une indication de la puissance divine : la puissance, c'est le bien ; le mal est impuissant, stérile; principe de destruction, il ne représente rien dans la nature, et n'amène que le désordre et la mort. Des hommes supérieurs ont été cruels, Attila, Koulikan : mais c'était des barbares, cruels comme les hordes qu'ils dominaient. Quand l'esprit s'élève jusqu'à l'harmonie du monde, jusqu'aux lois générales, jusqu'aux maux qui suivent l'infraction de ces lois, il conçoit la morale comme une vérité; et, ainsi qu'il faut des proportions, de la convenance, un lien entre les choses pour arriver à un résultat naturel, le penseur adopte ces principes d'action. Il arrive pourtant dans l'ordre moral des accidens qui changent pour un moment la loi, qui font que comme dans l'ordre naturel l'oiseau refait son nid et produit deux fois si on lui ôte sa couvée, ce que Moïse ordonne de faire; de même Théodoric est empereur par un assassinat, et Cromwell, roi par hypocrisie. Les lumières éloigneront toujours davantage de pareils accidens. Mais les hommes qui employèrent pour construire des moyens destructeurs ne prirent pas leurs actions pour des principes; ils pratiquèrent le contraire : Théodoric, observant la vertu et la justice, assura la vie des hommes par 40 ans de paix; Cromwell, cherchant l'ordre, reconstruisit la pairie; et la première loi que César porta fut contre le luxe des Romains. L'esprit s'est laissé moins corrompre que les actions, et Machiavel lui-même, quand il donna ce code atroce que lui reprochèrent si durement les contemporains qui l'avaient inspiré, Machiavel admit le crime comme moyen, et pas autrement. Des esprits bornés peuvent seuls s'égarer, comme Néron, Commode, Wenceslas, Robespierre, Marat. Il arrive aussi que la loi établie ne remplissant plus son but, l'esprit supérieur y manque et paraît blâmable quand il ne l'est pas. Les penseurs, puisant à d'éternelles sources, arrivent, sans se connaître entre eux, à de mêmes conclusions d'un bout du monde à l'autre, et dans tous les pays et dans tous les âges trouvent les principes dont ils ont besoin pour organiser les sociétés. Libéral comme la nature, l'esprit admet ce qu'elle admet : quand Aristote, frappé de la stupidité des esclaves, les prenait pour une race à part, née pour l'esclavage il voulait qu'on affranchît ceux qui montreraient de l'intelligence : l'esprit, père de la justice, proclame l'affranchissement des hommes et des nations, en dehors de la crainte, car rien ne le surpasse, correcteur de lui-même avec une impartialité qui lui est propre, admirateur juste et haut, payant aux hommes d'élite entre eux ce qu'ils se doivent, auteur du véritable enthousiasme et des vertus sans âge.

CHAPITRE XX.

La supériorité forme une petite race à part, en présence d'une race nombreuse dont elle diffère entièrement : ce qui fait du bien à l'une fait mal à l'autre; elles se plaisent aux choses opposées; tranquilles, elles s'évitent ou se détestent; animées, l'une triomphe, l'autre est entraînée; l'une voit les choses de leur sommet et dans leur ensemble, l'autre n'en voit qu'une partie et d'en bas; l'une crée les opinions, l'autre les adopte; l'une est subjuguée par les petites choses, l'autre par les grandes; l'une cherche le beau, l'autre s'en ennuie comme du vide : l'une se compose des dominateurs, des maîtres, éprouve les impressions royales qui font la force, l'autre a les impressions vulgaires de la foule; l'une est couronnée dans l'univers invisible et moral où Dieu règne, l'autre se pare dans l'univers visible et frivole où l'homme s'égare. Pour savoir combien les périls et les difficultés enchantent la première, contemplons l'empereur Napoléon un jour de bataille : la victoire paraît certaine; l'Empereur est brusque, commande impérieusement, et fait trembler autour de lui ses officiers, qui s'élancent au danger. Soudain le combat change; l'ennemi désespéré a fait plier d'un côté l'armée française; la victoire tout à coup semble vouloir échapper à nos mains: l'Empereur alors trouve un calme qu'il n'avait pas; son humeur tombe, sa voix s'adoucit, un sourire aimable suit chaque ordre rapide qu'il donne autour de lui; les officiers se tranquillisent; tout est d'accord; l'Empereur, qui va rétablir la victoire, est plus léger en portant de grandes affaires.

Il y a sans doute des différences de peuples qui font qu'une nation entière est grave, une autre, légère; mais la gravité des gens bornés ne les mène pas plus loin que la légèreté des gens gais. Si nous prenons les hommes distingués des deux peuples, alors nous voyons chez chacun les études, la méditation, les qualités de la pensée, jointes aux traits différens qu'ils empruntent à leur pays.

Si les deux espèces d'hommes sont séparées par tant de traits, quelques autres traits aussi les lient: une élégance exquise ou une ardente ambition suivent souvent les facultés bornées. Cette femme, sans intelligence, a le langage, les manières d'une reine: elle en a les goûts et les instincts. Celui-ci souffrira des tourmens pour sa foi proscrite, aimera comme un héros, et ces hommes, inégaux par la pensée, forment enfin une seule famille sous les lois de la nature.

Nous dirons plus, et comme nous avons signalé le danger de la supériorité quand elle n'a pas d'éducation ou de vertu, ainsi nous dirons qu'une médiocrité disciplinée peut l'emporter sur le génie sans culture et sans discipline: cet homme médiocre, mais qui sent son honneur et sa fierté, refusera de baisser la tête devant ce jeune homme qui, s'annonçant pour la domination, n'a encore prouvé son énergie que par des folies. La médiocrité vertueuse est respectable; les livres religieux ont souvent formé des hommes médiocres plus forts par leurs principes que les grands hommes Jugeons donc ce que peuvent les grands hommes avec la discipline! Si le génie dans la jeunesse s'égare plus que la médiocrité, c'est justement que la médiocrité tient ferme et résiste; elle représente les idée. de quelque autre chef antécédent et garde un dépôt qu'elle cède lentement. Ce fut très sagement que la nature mit cette lenteur dans les masses et préserva le monde des égaremens du génie, flamme qui doit éclairer le monde et non le consumer.

CHAPITRE XXI.

Nous cherchons en haut, dans le ciel, dans l'abstraction, une justice; et, en bas, sur terre, dans la pratique, nous trouvons un fait. Nous voyons partout une nécessité imposée à la société au point où nous la prenons. En Europe, où nos connaissances nous permettent de saisir la pensée des lois, nous trouvons la liberté préservée par un équilibre de forces dans l'état. Dès que les peuples connurent la liberté, ils la voulurent garder. Dès que le talent put se rendre maître du pouvoir, il s'en empara. Le privilége et la science s'organisèrent partout plus ou moins heureusement; quelques états fondèrent la politique et laissèrent des sujets éternels d'études et de réflexions.

CHAPITRE XXII.

Ces peuples traitant la politique comme une science ont eu une école pour l'enseigner; les hommes destinés à s'en occuper étudiaient jeunes sous leur père; une tradition savante liait le corps choisi : ainsi Rome, Venise, l'Angleterre. D'autres peuples, plus maîtres et plus jaloux, pensant que le patriotisme, l'esprit public, l'instinct, secondé de l'expérience, suffisaient, ont admis des hommes de tous les rangs: ainsi Athènes, Florence et la France.

Il y a en effet deux belles choses sur la terre : la science, la discipline, l'aristocratie, ce qui porte loin la puissance et la gloire d'un peuple, et l'égalité qui donne à chaque individu sa valeur morale, n'en appelle qu'à lui de lui, et court les chances de la nature; aussi ce n'est pas sans raison que la science et l'égalité ont eu leurs partisans; l'antiquité légua ses querelles aux temps modernes, et la civilisation se divisa sous deux bannières.

Cette démocratie ancienne, qui admettait des esclaves, garde d'ailleurs aux yeux de l'égalité un tort plus grand que n'en commirent jamais les aristocraties modernes. On sait quel était le petit nombre des citoyens, à Athènes, comparé à celui des esclaves : dans le dénombrement qu'on fit sous Périclès, les citoyens n'étaient au nombre que de 14,040.

Des quatre classes où Solon divisa les citoyens d'après leurs possessions, la dernière, composée des mercenaires, ne pouvait avoir aucune charge, mais elle avait droit d'opiner dans les assemblées et les jugemens du peuple, ce qui lui donna beaucoup d'influence. Thémistocle obtint que les archontes pourraient être pris dans le peuple, et plusieurs des premiers réglemens furent négligés. A bien dire, il semble qu'on n'ait voulu à Athènes ni aristocratie, ni frein, ni gouvernement même, et que l'état eût dû appartenir au plus digne, comme l'héritage d'Alexandre. L'unique chambre de la république (car l'aréopage n'était qu'un tribunal), composée de cinq cents membres d'au moins trente ans, était élue chaque année par les dix tribus de l'Attique et d'Athènes. Bien plus, cette chambre ou ce sénat étant divisé en dix classes, selon les dix tribus, chacune à son tour entretenue aux frais du public, avait la présidence pour trente-cinq jours, sous le nom de *Prytanes*. Ainsi les Prytanes se renouvelaient tous les trente-cinq jours. Bien plus : les *Prytanes*, au nombre de cinquante, étaient subdivisés en cinq décuries ; chaque semaine, il y avait une nouvelle décurie, et chaque jour, un nouveau décurion, qui était aussi chef du sénat : ainsi, *chaque année*, un nouveau sénat ; *chaque mois*, de nouvelles Prytanes ; *chaque semaine*, une nouvelle décurie ; *chaque jour*, un nouveau chef du sénat et de l'état ! C'est un gouvernement changé à tout instant, où nul de ceux qui le composent ne domine ni ne paraît.

L'assemblée du peuple, réunie quatre fois durant les trente-cinq jours des Prytanes, avait moins de force encore que le sénat : on donnait aux sénateurs, pour droit de présence, une drachme par jour ; et comme le peuple négligeait de venir aux assemblées, on paya aussi sa présence : on lui donna trois oboles (neuf sous), ce qui fit que les pauvres vinrent à ces assemblées en grand nombre. On voit ici que l'autorité ne peut appartenir ni au sénat ni au peuple, qu'elle ne peut appartenir à la loi : la loi est trop faible : les orateurs, les grands hommes s'empareront du bas peuple dans l'assemblée publique ; ils lui feront décider la paix, la guerre, les impôts, entraînant le consentement du sénat. Ici, quelque chose de grand et de poétique : le génie en présence du peuple qu'il charme et subjugue. Du sein de nos puissantes monarchies, nous nous sommes mal imaginé ces petites républiques grecques, ces villes étroites, cette population peu nombreuse, mais douée du ciel, ces lieux champêtres, ce mouvement de la place publique, ces affaires resserrées que de nobles mains et des esprits lumineux ont rendues fameuses ; nous avons vu la Grèce plus riche, plus étendue et moins poétique ; nos vastes territoires, nos villes, notre peuple immense, nous feraient d'abord trouver mesquins les Grecs, leurs villes, leurs armées, et jusqu'aux formes charmantes de leur gracieuse contrée, si l'antiquité pouvait apparaître un moment à nos yeux. A peine Solon donne sa loi, que Pisistrate la menace ; dès lors un parti usurpateur s'établit dans l'état, et remarquons que ce parti fut celui de la démocratie, car ceux qui voulurent dominer le peuple le flattèrent. Thémistocle, sorti du peuple et démocrate, trouva pour adversaire Aristide, du parti de l'aristocratie, qui voulait resserrer le gouvernement. Periclès, descendant de Pisistrate, effrayé de son origine et de la ressemblance de son visage avec celui de ce tyran, embrassa les intérêts de la démocratie contre Cimon, fils de Miltiade, aristocrate qui s'opposait à la grandeur de Périclès : toujours à Athènes ce nom de démocratie revêtit les passions de l'ambition. Mais des hommes comme Thémistocle, et d'autres, n'auraient pas eu le pouvoir à Rome et valurent mieux que Marius, qui, parvenu par tant d'efforts et à travers les dédains des nobles, ensanglanta sa route. Il est vrai que tandis qu'Aristide venait dans les assemblées avec un habit usé et tremblant de froid, Thémistocle volait le trésor ; il fit les fautes reprochées éternellement aux plébéiens, et que l'aristocratie romaine, dans sa décadence, commit avec audace.

Pour parer à la faiblesse des lois et à l'autorité des hommes, on avait trouvé l'*ostracisme*, qui frappa presque tout ce qu'Athènes eut d'illustre, excepté Périclès. Les démocrates s'efforcèrent à *corrompre* une nation *ingrate* qui punit par cette loi ceux qui la servaient, comme ceux qui l'avaient trahie : nul corps, point d'hérédité, point de sénat à vie, pas de familles consulaires, rien qui pût modérer les passions du vulgaire ni du génie. C'est une aristocratie naturelle, mais qui, s'élevant par la faiblesse des lois, ne trouve ni devoirs ni science pour se guider. Telle est pourtant la beauté de l'aristocratie naturelle, que nous nous laissons séduire comme la république, et quand au siècle de Périclès nous voyons les lumières, la philosophie, la science, les lettres, les beaux-arts, jeter un éclat qui plus tard aidera à sortir le monde moderne des ténèbres, nous ne demandons pas plus à Athènes, et nous la saluons avec respect. Et que le temps de cette gloire éclatante fut court! Depuis Solon jusqu'à Démosthènes, les générations se sont suivies sans s'oublier : tout est enfermé dans le court espace de deux siècles et demi, temps prodigieux où la nature ouvrit son sein pour produire plus que des hommes.

Sparte soutint toujours dans la Grèce les intérêts de l'aristocratie. Lycurgue avait partagé les terres de la Laconie en trente mille parts, qu'il distribua à ceux de la campagne ; et le territoire de Sparte, en neuf mille parts pour les citoyens * ; ce qui resta d'inégalité par les immeubles fut combattu par les mœurs ; car les citoyens étant mis de même, dînant ensemble, ayant des habitudes communes, avaient peu d'occasions de se distinguer les uns des autres. La royauté était la seule charge héré-

* Les historiens diffèrent sur ce dernier nombre.

ditaire. Le sénat se composait de vieillards élus à vie par le peuple, aristocratie naturelle, mais cette fois privilégiée et disciplinée, basée sur l'esprit et la vertu. Les rois et cette aristocratie naturelle firent un gouvernement si vigoureux, qu'on créa les éphores, comme les tribuns de Rome, pour modérer l'autorité des chefs. La discipline publique avait une aussi grande force : Sparte n'était pas une ville, c'était une secte ; et comme les citoyens passaient leur vie ensemble à discourir, *laconiser*, en grec, voulait dire *philosopher*; leur loi n'était pas écrite, mais portée au fond de leur cœur comme défendue de leur sang.

C'était si élevé, si beau, que nous avons prétendu que c'était des fables ; il ne nous a pas suffi des monumens grecs et visibles, de l'histoire attestée par les contemporains; c'était trop fort pour nous, et nous l'avons nié. Sparte, d'ailleurs, ne s'offre pas à la mémoire si fertile qu'Athènes en grands hommes, puisqu'elle avait proscrit les beaux-arts, discourait savamment, mais n'écrivait pas ; ses hommes fameux sont le plus souvent ses rois ; peu d'individualités sortent au sein de la secte ; c'est la seule multitude dans l'histoire qui produise ce grand effet ; partout nous voyons le peuple plus ou moins grossier ; à Sparte, il semble toute une race illustre. Sparte pourrait donc être par là l'idéal des plébéïns, si la plèbe avait un idéal. Remarquons comme le climat a fait différer les législateurs dans quelques détails : Lycurgue enterrait les morts dans la ville et voulait habituer les citoyens à toucher un mort sans crainte, tandis que les livres hébreux, les livres zends et d'autres d'Orient, déclarent souillé tout homme qui aura touché un cadavre. A la guerre du Péloponèse, Sparte et Athènes étaient corrompues ; la Grèce n'aurait pu se soutenir que par les fédérations de l'Étrurie ; c'est le danger des petits pays, comme s'il y avait une proportion voulue pour l'Europe.

Un mot sur Rome à présent, si nous l'osons : quel état différent ! quelle autre durée ! quelle autre importance ! Athènes, Sparte, soumettent des populations de dix à vingt mille ames, brillent un jour, un siècle : les brigands du mont Palatin vont dominer la terre par leur génie et leur vertu, juste domination ! Dans tous les genres de mérite ils donneront les plus beaux exemples ; jamais on n'aura vu tant de religion, tant d'amour des dieux domestiques, tant de respect pour la famille, la chasteté, le mariage, la paternité ; jamais plus de dévouement pour la patrie, plus de désintéressement, de sobriété, de modestie ; jamais des hommes si fiers et si modérés ; jamais un sénat si sage et si puissant, avec une si grande commisération des vaincus, et tant de qualités pour dominer. C'était l'aristocratie dans sa gloire. Eût-on pu obtenir de tels résultats sans ces familles illustres qui croyaient en dépôt dans leurs mains la vertu et la grandeur publiques ? La gravité du caractère romain, les circonstances, favorisèrent le sénat ; mais honte à ceux qui parleront sans étude et sans respect des Romains, la seule école où la jeunesse moderne peut trouver des exemples que n'offrent plus ni les mœurs ni les religions !

Si nous jetons un regard sur son histoire, qui d'abord, soulevant le voile du passé, nous dira comment les races transportées de l'Asie se trouvèrent si fières et si poétiques ? Par quelle puissance le soleil dès l'origine du monde éleva-t-il le caractère de l'homme ? Ces races traversent successivement la Méditerranée pour se fixer en Grèce, en Italie ou en Sicile, se refoulant les unes par les autres, s'offrant chacune aux nouveaux arrivans pour la race aborigène, sans qu'on puisse jamais retrouver la race primitive, ni savoir si elle exista réellement. Qui leur inspira des mœurs si nobles ? qui leur enseigna à suivre, à chanter les grands hommes, à en faire des dieux et à les adorer ? Plus on a pénétré dans l'histoire des Etrusques, plus on a trouvé de science et de beauté. Une élégance qui semble appartenir aux rivages de ces mers, se retrouve dans ces populations si différentes de celles du nord. Quand les Romains fondèrent leur ville, les peuples grecs et asiatiques avaient déjà traversé et fécondé le sol ; les Etrusques, les Latins et les Sabins formaient trois fédérations redoutables pour la ville naissante ; si les Romains, sortis de ces peuples, en reçurent en partie leurs mœurs et leurs lumières, si leur position dangereuse leur imposa de les vaincre, par quel bonheur et par quelle gloire leur habileté se proportionnant à leurs besoins, créa-t-elle aussitôt des institutions et une destinée sans égale?

Il faut reconnaître ici une race douée, aussi belle que l'était la contrée où elle se fixa : rien dans l'Italie n'est à comparer au pays romain, à ses vastes plaines, ses horizons majestueux, l'étendue de son ciel, l'éclat de sa lumière, la fraîcheur de ses cascades, les mouvemens gracieux de son terrain ; le caractère antique, monté au ton des campagnes, ne se retrouve plus aujourd'hui que dans le paysage romain.

Sans entrer dans des détails où se sont perdus quelques savans de nos jours, nous voyons Rome prendre bientôt un caractère à elle, trancher avec le reste de l'Italie, et s'engager dans une voie dont elle ne prévit pas l'issue ; si l'aristocratie et le patronnage étaient dans les mœurs de l'Italie, Rome conquérante leur donna une importance qu'elle imprima à toute chose. On demande : Pourquoi vouloir la puissance? pour la puissance, car les Romains eurent tout avec elle, hommes, lois, durée, immortelle renommée. La plupart de leurs rois se trouvèrent de grands hommes, remplacés par des chefs non moins admirables, qui imprimèrent la direction à cette forte race ; l'aristocratie, école et appui, dispensatrice des principes et des armes, porta loin les caractères par la discipline et la puissance, les deux plus beaux élémens de la gloire et de la vertu : il fallait former une nation héroïque au milieu des nations héroïques qu'elle devait vaincre ; cette nation trouva en elle son génie, qui ne s'est plus montré sur la terre. Si, vivant sous la protection de l'aristocratie, la plèbe intelligente comprit le mérite et l'utilité du sénat, elle n'en réclama pas moins les armes à la main les droits qui lui manquaient, obtenant successivement magistrats, lois favorables, et toutes les charges : on vit d'un côté la science, la naissance et la richesse former un corps puissant ; de l'autre, on vit le peuple s'unir, combattre, vaincre, dominer sa victoire, et n'oser aborder les charges qu'il avait disputées. Si le sénat était glorieux, le peuple ne le fut pas moins; chaque parti joua bien le rôle politique qui lui était départi, sans en dépasser, durant long-temps, les limites civiles. C'est ici le plus complet développement des forces morales par où Rome est sans pareille. Et quand elle est si puissante, mais que les vertus s'altèrent, arrive une époque, depuis Pompée jusqu'à Auguste, époque que nulle autre n'égale, combats, hommes, géans au dessus d'Homère. Les passions politiques parvenues au dernier degré rêvent le pouvoir suprême dans l'affaiblissement des lois, avec d'énormes richesses à leur disposition. L'Asie, l'Espagne, les Gaules, paient les intrigues et les suffrages des Romains. Jamais on n'a vu, jamais on ne verra dans notre monde peuplé une telle inégalité, une ville seule engloutissant les richesses, la gloire, le luxe et l'habileté du monde. Des facultés prodigieuses y furent secondées de circonstances égales, de sorte que jamais l'homme n'alla si loin : vertus encore existantes de la république, lettres grecques, secte stoïque fondée à Athènes par Zénon, mais dont les plus grands hommes furent romains ; corruption naissante combattue en vain par Caton; brigue pour les charges, achat des voix par les candidats. Ceux qui briguaient le consulat faisaient des emprunts si considérables pour acheter les voix, que l'intérêt de l'argent en montait. Pompée dissimulait son ambition, mais une foule d'hommes secondaires se mettaient en rivalité avec les autres. Milon, Hipseus et Metellus Scipion se disputèrent le consulat avec une fureur jusqu'alors inconnue, chacun ayant sa troupe, et livrant de sanglans combats, Milon dépensant trois patrimoines en largesses, en jeux, en spectacles pour le peuple. Si César brilla par son audace, Cicéron montra une ame et une intelligence supérieures. « Comptez, écrivait-il à Atticus, que je ne traiterai avec César que d'égal à égal. » D'un côté, la gloire des armes et ces batailles fameuses où les Romains combattirent les uns contre les autres; de l'autre, l'éloquence, la vertu, l'amitié, des citoyens comme Cicéron, Caton, Brutus, Hortensius, Atticus, une estime profonde de ces hommes les uns pour les autres, la gloire obtenue de son vivant avec tous ses honneurs. Cicéron gouverna la Cilicie. « Je rends la justice à Laodicée, écrit-il à Atticus, et Plotius la rend à Rome. Quel contraste! Mon armée est très faible, ce n'est point là ce que j'aime. Je regrette le grand jour de Rome, la place publique, ma maison, mes amis, voilà ce qui me convient. » Dans une autre lettre il dit à Atticus avec une tendresse admirable : « J'ai un esclave qui vient à Tusculum tous les jours, et si vous vouliez vous pourriez m'écrire tous les jours. » Les événemens sont empreints d'une tristesse profonde; le sénat romain va errer avec Cicéron sur les rivages de Naples, fuyant César, violateur des lois. La jeunesse, perdue de dettes et de débauche, que ce vainqueur coupable traînait avec lui, laissait à Pompée l'avantage du civisme et de la dignité qui justifiait le nom de Grand donné à sa jeunesse par Sylla. César, modèle des rois par sa clémence, dictateur et s'oubliant en Egypte, subjugué tour à tour par ses diverses passions, secondé par Antoine infâme, César porta sur la loi une main plus hardie qu'habile, quoiqu'une seule voix moderne se soit élevée contre lui *. Brutus, conséquent comme Caton, allait venger la vertu sur la terre; Porcie ne put, sans perdre la tête, savoir son mari en danger: temps plus beaux que ceux de la vertu pure, car le mélange les porte à l'extrême. Enfin, Octave, à dix-huit ans, risquera jusqu'au patrimoine de sa mère, et son habileté froide et parfaite le rendra successeur de tous.

Les nations de l'Asie composée de peuples paresseux et innombrables nous offrent quelquefois le talent s'emparant du pouvoir et les usurpateurs commandant des armées de trois cent mille hommes, avec domination et combats gigantesques et merveilleux comme l'orient; mais trop de circonstances heureuses doivent les favoriser; le plus souvent ces grandes masses sommeillent et l'individualité est écrasée. C'est en vain que de nos jours on veut élever l'orient au dessus de l'occident et qu'on cherche en son sein des connaissances échappées; si l'orient, inspiré, religieux, grandiose comme ses rivages, vit naître l'homme et la connaissance, ignorant la liberté et la vie civile, jamais ses plus beaux jours n'égalèrent ceux que depuis a connus l'occident. Dans ses beaux jours, nous voyons en Chine un empereur brûler tous les livres de l'histoire, pour effacer les souvenirs et les droits des rois dépouillés qui s'agitaient; par un seul ordre, un autre empereur fait renfermer ou périr tous les lettrés: environnée à l'orient et au sud par une mer orageuse, limitée au nord par d'immenses déserts, bornée à l'ouest par des chaînes de montagnes couvertes de glaciers, la Chine se renferma chez elle,

* Machiavel.

plaça ses dieux sur les montagnes, à la manière des Indiens, sans communiquer sa science au monde comme eux.

Si Moïse emprunta beaucoup aux Egyptiens, qui firent son éducation; si la Bible peut être regardée comme un extrait de ce que l'homme avait fait de beau et de sublime dans des climats divers, dans l'Inde, en Arabie, en Chaldée, avec le progrès de plusieurs siècles de civilisation et de changemens politiques, cependant les Hébreux ont un caractère particulier qui les distingue entre tous; à nul peuple Dieu n'avait dit : « Je vous serai Dieu et vous serez mon peuple. » La race d'Egypte, forte et mélancolique, leur donna-t-elle l'exaltation religieuse? La respirèrent-ils sur cette terre de Syrie, *travaillée par des miracles?* Ils eurent une aristocratie sacerdotale et royale, mais Moïse imprima au peuple la direction par ces mots : *Dieu vous a choisis.* Tandis qu'aux Indes, à Rome (comme depuis à Londres, à Vienne) on fit des castes dont l'origine fut rapportée à la conquête ou perdue, Moïse, en disant : « Dieu vous a choisis, » transporta un même peuple de son temps aux nôtres. La pensée de Moïse est une idée mère, car la civilisation nous mène à vivre, comme les Hébreux, selon les volontés toujours mieux connues de la nature.

CHAPITRE XXIII.

L'Europe, si petite quand on la compare aux autres parties du monde, présente un spectacle qu'on n'avait jamais vu. Tout change. L'empire romain tombe. Ce ne sont plus des peuplades peu nombreuses qui se déplacent comme ces peuplades illustres de la Grèce et de l'Asie, ce sont des peuples innombrables et barbares, suivis de femmes, enfans, bagages, poussés vers l'Europe par le nord, le levant, le midi, qui fondent sur les pays comme la foudre, brûlent, pillent, dévastent; avec aspect farouche, cruauté féroce, mœurs rudes, corps épais et robustes. Les citoyens de l'empire les prirent pour des hommes d'une nouvelle espèce; leur langage faisait frémir; leur mise, leurs armes étaient repoussantes; ils se jouaient grossièrement de la vie et de la douleur; quelques uns dépassèrent par leurs ravages et par leurs crimes tout ce qu'on avait encore connu.

Rome avait perdu sa domination : une religion la lui rend. Rome retrouve un empire universel, et prêche à ces masses débordées la fin du monde, qui les épouvante et les subjugue : une théocratie s'établit pour l'Europe entière, qui, soumise à cette première loi générale, se trouve engagée dans une voie commune.

Les peuples étaient venus en foule; il leur fallut des siècles pour s'asseoir et se classer : un long mouvement succéda à ce déplacement considérable. Qu'on juge la confusion de tels événemens! Qu'on se représente les vainqueurs, les vaincus, les terres prises, partagées d'abord, réunies ensuite, données pour un temps, puis à vie, puis à toujours! Qu'on s'imagine la quantité des lois et des réglemens! Charlemagne trouve encore l'Europe dans une confusion qu'il augmente par ses conquêtes passagères; au milieu des révolutions, la classification reprend sa marche : les vaincus relèvent la tête, les villes se fondent, des droits s'établissent, mille accidens hâtent ou retardent le cours naturel des choses. Aujourd'hui seulement nous dominons ces faits, nous sortons la tête des flots, mais quand on parle de la lenteur des gouvernemens, qu'on songe à ce qui a été fait jusqu'ici, au temps qu'il a fallu! Chaque homme a trouvé sur la terre place, nom, famille et ville; le pillage a cessé, la femme a été respectée, la justice est devenue facile. L'histoire d'Athènes, depuis Solon qui construit l'état, jusqu'à Démosthènes qui le voit tomber, est de deux siècles et demi; la république romaine, depuis Brutus jusqu'à César, embrassant le plus beau développement du caractère et de l'esprit humain, a duré cinq siècles. Mais la barbarie, étendant ses horreurs jusqu'au 12ᵉ siècle, s'est prolongée durant huit siècles! Comme la théocratie succéda à l'empire romain, l'ordre politique, de même que chez les Hébreux (dont nous prenions les livres), sortit de la religion : le chef fut sacré par les prêtres : c'est Saül encore; on attacha à la couronne des droits comme des devoirs sacrés; le roi, élu de Dieu, dut être fidèle à Dieu. La société s'organisa sous des idées grandes et pieuses : dans les bois de la Germanie, dans les plaines de l'Asie, chez les Scandinaves, le talent avait dominé : les prêtres ne firent d'abord que le consacrer. Ces peuples férocces ne suivaient que les forts, et bien sans doute que la richesse et la naissance soient vieilles comme la lumière et la matière, c'était le courage et le génie qui triomphaient et par le droit et par le crime. La race d'où sortit Charlemagne fit voir, quand déjà la société commençait à s'asseoir, comment les usurpations du génie recevaient la sanction des peuples et du sacerdoce.

Mais si à l'origine le talent régna ainsi, hâtons-nous d'avouer que c'était chez une classe peu nombreuse; un homme du peuple élevé dans le palais pouvait renverser son maître, mais le grand nombre vivait au loin dans la barbarie et l'esclavage. Etait-ce injustice? c'était nécessité. Si ces peuples pouvaient à peine sortir d'une confusion profonde, comment les appeler à des droits politiques? Quand les peuplades s'enfuirent éperdues de Pompéïa et d'Herculanum sous les torrens d'une pluie de flamme, leur demanda-t-on de marcher au pas et de garder les rangs? L'homme, portant sur sa tête le poids de la nécessité, fut forcé et non injuste. Et par un effet merveilleux de l'harmonie et de la bonté qui règnent ici bas, dès que l'homme est dans une situation supportable, il l'aime et s'y habitue; il en saisit les douceurs, il y met des beautés. Ainsi, quand la société se trouva si inégalement partagée, le peuple attacha un devoir religieux à son obéissance; les chefs se chargèrent des vertus, et leur position, agrandissant leur ame et leur esprit, forma cette aristocratie chevaleresque à laquelle le monde moderne dut sa valeur, son élégance et son éclat.

Comme en Orient, la richesse et d'autres causes produisirent enfin des monarchies considérables; pour plus de sûreté on fit quelques trônes héréditaires: l'usurpation en enleva plusieurs; la pauvreté en maintint quelques autres électifs: les individualités perdirent leur première influence.

Cependant des causes de vitalité firent différer beaucoup l'Occident de l'Orient et le portèrent au dessus de toute comparaison: au lieu d'un climat énervant et des mille délices qui précipitèrent l'Orient civilisé, l'Europe, sous une autre latitude, eut partout un climat supportable, délicieux au midi, rude au nord, qui, par des moyens différens, développa également les forces; la division du terrain, la proportion des empires, les lois féodales, secondèrent l'activité; une religion fondée sur l'ancienne sagesse orientale, mais devenue si différente de l'Orient que l'Orient ne put la supporter, développa les esprits par ses livres admirables, depuis le Pentateuque jusqu'aux apôtres; les plus grands hommes s'y laissèrent prendre; elle disciplina les barbares avant que l'Occident, retrouvant les richesses originelles qu'il possédait dans son sein, ne s'appuyât de nouveau sur les lettres grecques et romaines. Tant de causes hâtèrent la marche et triomphèrent d'une religion qui, s'étant corrompue, faisait payer désormais trop cher les services obtenus. Les lettres rendirent aux grands hommes une importance qu'ils semblaient perdre individuellement, mais qui ne leur fit plus porter le sceptre ni commander l'armée. On avait vu l'intelligence jusqu'ici agir, monter à cheval, diriger l'Eglise, maudire, bénir, massacrer; s'il y avait eu dés légistes, ils s'étaient tenus à part dans leur profession; on vit alors, comme dans l'antiquité, l'homme régner par sa pensée : une feuille de papier valut plus qu'un trône et qu'une épée, triompha de loin des préjugés, des prêtres, suivit et hâta la marche des temps. La pauvreté, si méprisée, si humble jusqu'alors, releva fièrement la tête, et la philosophie lui imprima une dignité que ne lui avait pu donner la religion du Christ; mais ce pouvoir élevé dut se contenter long-temps de sa propre estime, se fier en secret à l'avenir; les richesses, en éblouissant le peuple, conservèrent le pouvoir direct; et peut-être la nature a trouvé du charme, durant cet apprentissage, à tenir dans l'obscurité, loin des petitesses du vulgaire, l'homme réservé à une gloire éloignée.

La conséquence naturelle des événemens, l'hérédité des fortunes, l'accroissement des familles et des empires, le besoin d'ordre, renforcèrent de plus en plus la société, qui devint une espèce de machine si puissante, si lourde, qu'aucun bras mortel ne put plus l'ébranler. Des races primitives, dotées à l'origine, peu restèrent dignes du passé; un petit nombre de nouvelles s'élevèrent; un plus grand nombre dut tout à la faveur, n'ayant rien de ce qui avait rendu les races anciennes maîtresses des richesses; les richesses, naissant de toute part, fondèrent un pouvoir matériel énorme, que l'esprit, par sa nature sublime, devait à la fois dédaigner, combattre et dompter. Le progrès des âges précipite aujourd'hui la lutte qui fut long-temps indécise ; long-temps sous l'égide de cette lourde et robuste société le genre humain prospéra.

L'esprit lui-même, discipliné par la misère à défaut de la vertu antique, prit au sein du peuple des vues universelles et prêta un organe aux masses assujéties. Un nouveau langage, celui de l'humanité et de la passion, se fit entendre dans la philosophie, la littérature, le théâtre, la politique; on versa des larmes pour ses semblables ; et, chose singulière! ce fut la philosophie et non la religion qui nous donna les vertus que la religion nous prêchait; ce fut en abattant en France le christianisme corrompu, que la philosophie proclama les droits de la justice et de la pitié.

CHAPITRE XXIV.

Le monde moderne n'a pas les vertus de l'ancien, l'Olympe, le Portique, le ton poétique et haut de pays qui ignoraient l'industrie ; mais nos vastes monarchies civilisées surpassent le monde ancien par l'humanité, la guerre, la justice et l'égalité.

A la veille d'une crise pour l'Europe, la plus importante qui ait éclaté sur la terre, nous voyons deux nations renouveler dans notre âge ce que l'antiquité connut de plus fameux. Que le spectacle du jour n'attende pas les siècles pour être étudié : si la foule regarde sans comprendre, ne l'imitons pas, et, séparant les événemens importans des autres, plaçons-nous déjà comme la postérité : deux nations, partant de la royauté, sont arrivées, l'une à l'égalité, l'autre à l'aristocratie, avec instinct, lois, plaisirs, préjugés différens ; de longues guerres ont signalé leur haine ; si l'une soumit l'Europe, l'autre ranima les vaincus ; la liberté les unit dans nos temps, mais des rivalités profondes ne cesseront d'exister entre elles, si elles sont également habiles.

La France, devançant l'Angleterre, a trouvé la première les vérités où l'autre aspire aujourd'hui. Et remarquons qu'il y a eu dans l'antiquité et chez les modernes deux nations renommées par leur légèreté, les Athéniens et les Français. Ces nations légères ont mis à leur place les dieux et les hommes. Quand Rome révéroit la naissance, quand l'Angleterre ne peut secouer d'anciens préjugés, Athènes et la France ont connu la philosophie et l'égalité civile. Est-ce que la légèreté même leur fut utile? Est-ce que l'esprit en eux la dépassa? Les Romains et les Anglais doivent-ils à leur force leur fidélité?

Sans doute, si nous voyons la France dans ses détails, dans sa démocratie inculte et naissante, nous lui trouvons bien des défauts ; mais si nous observons le pays à distance, dans ses travaux, et les résultats qu'il a obtenus, nous le trouvons le premier pays du monde : la valeur et le génie, la pensée et l'exécution le placent à la tête des nations, tel, entre les peuples, que fut César entre les hommes.

Le savoir ôte à l'injustice son excuse : les Anciens, qui naissaient en voyant des esclaves, étaient justifiés par l'ignorance du droit ; sur les rivages du Bosphore, l'ignorance encore excuse les harems et la dégradation de l'homme ; mais quand la France a porté si loin le respect de l'individu, quand les principes sont proclamés chez nous, il faut s'y rendre, quelque penchant qu'on ait pour les hauts caractères qui résultent de l'inégalité des rangs? Un peuple, en faisant ce que nous avons fait, entraîne les autres peuples : de même que les esclaves d'Afrique arrivant en Angleterre sont visités d'un magistrat qui leur dit qu'ils sont libres, de même les plébéïens anglais qui arrivent à Paris doivent être avertis que la richesse et la naissance, la matière et les préjugés, sont vaincus en France pour la gloire de ce monde moral et invisible dont le triomphe se prépare.

Les états ne grandissent pas par les mêmes moyens qui les ont fondés : le passé donne le secret des forces actuelles : l'Angleterre n'a pas commencé par le commerce ; la France, par l'égalité ; l'Italie, par vouloir s'unir, car si le petit royaume de France, si l'Aquitaine, la Bretagne, eussent songé à l'égalité, à la république, au renversement de la royauté, nous n'aurions pas ce beau royaume de France qui s'étend des Pyrénées à la Meuse, de la Savoie à la mer du Nord ; nos vignes de la Bourgogne et du Bordelais, nos soiries, nos arts, n'eussent pas fait notre fortune ; notre peuple n'eût pas eu l'idée qu'il garde de la grandeur publique ni une influence européenne.

Il s'est trouvé un homme du peuple avec du génie. Je l'appellerai le père de la société moderne. Domestique et mendiant, cet homme a établi la force morale au dessus de la force matérielle ; il a renversé de loin l'ancienne société, l'aristocratie factice, et montré que le temps est venu d'en laisser développer une naturelle. Son ame était la plus sensible et la plus puissante qui eût encore existé : ses émotions, ses pleurs, ses ravissemens, ses douleurs, rétablirent la nature dans son premier pouvoir et marquèrent un changement préparé par les siècles. Il prit sa servante, l'épousa, vécut publiquement avec elle ; il ne connut dans ses affections ni la crainte ni le rang ; il fut vrai, il fut peuple.

Un autre homme, né dans la noblesse, adora celui-ci, souffrit comme lui, pensant à la justice, à la liberté, à cette haute vertu qui ne préserve pas toujours les hommes des fautes inférieures. L'un avait parlé dans ses livres, l'autre parla à la tribune et fit succéder l'action à l'émotion. Quand les affaires tombèrent dans des mains ignorantes et grossières, ce fut encore Rousseau qui domina; son nom plébéïn plane sur la révolution; son style, ses idées se trouvent dans toutes les bouches; il inspira la médiocrité et le génie, Robespierre et Mirabeau.

Ces multitudes qui veulent dicter la loi ne font jamais que répéter ce qu'un grand homme a dit; quand Rousseau prétendit dans le contrat social que toute voix dans l'état avait une valeur égale, il poussa le pays à cette égalité où l'on veut arriver; le peuple avait souffert, on ne songea qu'à son bien-être; on vanta son instinct, son nombre; le corps public se forma, mais la tête, la pensée publique fut négligée avec la science et les hommes d'élite. Aussi, quand un grand homme parut bientôt, il s'empara des masses, et, ne trouvant nulle science dans le pays ou se former ni qui lui résistât, il changea à sa fantaisie la société, et établit un pouvoir absolu.

CHAPITRE XXV.

Ce que l'Angleterre avait le mieux soigné, c'était *la science*, que la France oubliait ainsi. Quand, en France, une justice brute était prêchée, à Londres une justice conventionnelle et savante faisait la force du pays. Le bas peuple votait; mais une petite classe d'élite avait les terres et le soin de la politique. C'est cette classe qui a conduit si savamment et si glorieusement les affaires depuis que l'Angleterre joue un grand rôle.

Comme l'homme est rarement propre à voir les généralités, et que cela ne convient qu'à quelques esprits à part, cette aristocratie s'est divisée en deux partis : la vérité, dont chacun des partis soutient un côté, marche ainsi tout entière. On a intéressé fortement deux classes à l'ordre établi, l'aristocratie et le commerce, qui en ont le profit. Le peuple suit le char de ces classes; s'il souffre dans les campagnes, c'est en vain, car il n'a pas de moyen d'agir. Son ambition dans les villes devient plus dangereuse.

En France, nulle classe ne trouve un immense profit à l'ordre, nulle ne le soutient passionnément; la passion y est contraire; il y a à la fois moins de force en haut et plus en bas.

En constituant l'Etat, les Anglais n'ont pas fait seulement la force du pays, protégé la conquête, agrandi le commerce, ils ont créé une science profonde, animée, avec le charme de la pensée et de l'action, et qui prête aux hommes une habileté qu'ils n'ont pas; individuellement ils sont peu de chose: organes d'une doctrine, d'un parti, ils sont beaucoup; des droits consacrés, appuyés sur les terres, une histoire derrière eux, une tradition qui leur sert d'école, donnent à leur langage l'importance : les formes ont agrandi les hommes.

Jetons un regard sur la dernière crise : le duc de Wellington a voulu, il y a un an, remettre au pouvoir les tories, effrayés des réformes qui menaceront tout à l'heure l'aristocratie même; derrière le duc se serre un parti habile; le duc, d'une main hardie, s'empare de l'administration, sous le poids d'une responsabilité formidable; le premier ministre qu'il a désigné est en Italie; on l'envoie chercher, sans savoir s'il acceptera; l'Europe a les yeux fixés sur Rome, où sir Robert Peel apprend, en sortant du bal, la crise de son pays et l'appel de son parti : il accepte. Fils d'un fabricant riche, parvenu aux affaires par sa fortune et ses talens, espoir et appui de l'aristocratie, la circonstance peint la constitution : une aristocratie recrutée chez le peuple riche et menée par le talent. Sir Robert Peel s'adresse d'abord, pour former une administration modérée, à cette fraction du dernier ministère que des scrupules religieux avaient fait sortir. Les yeux se fixent à l'instant sur M. Stanley, qui s'empare à lui seul de l'attention ; il refuse, et sir Robert Peel forme un ministère tory pur. Qui ne voit que l'éclat attaché successivement au nom du duc de Wellington, de sir R. Peel, de M. Stanley, n'est qu'un éclat emprunté tenant à l'importance des combinaisons politiques dans ce pays? Sans doute ces hommes ont du talent, et les hommes n'attachent pas sans mérite leur nom à de si grandes machines. Un appel au pays est résolu ; selon la sagesse et la politique anglaise, rien ne justifiait un pareil appel ni le changement de l'administration, rien que le danger de l'aristocratie et l'audace du duc de Wellington. A présent, au moment où les institutions sont menacées, voyons-les se développer dans leur énergie et leur beauté ; voyons un peuple entier se réunissant sur tous les points pour exprimer son opinion, et trouver dans ses droits de quoi satisfaire sa violence et la calmer; voyons une ancienne aristocratie en péril qui va, comme pour le meurtre de Tiberius Gracchus, prendre les bâtons et les bancs de bois du forum ; chacun s'agite ; une partie du commerce, fidèle à l'aristocratie, qui est à la fois sa pratique et sa garantie, vote pour elle ; les combats sont bien disputés, les deux partis considérables; les forces se balancent ; et quand nous rions en France des espérances des tories, c'est faute de connaître l'influence qu'ils conservent. Et nous, avec nos élections tranquilles, nos cent soixante-dix mille électeurs bourgeois, avons-nous l'idée du peuple anglais déchaîné dans ces crises? N'est-pas l'aristocratie qui, imprimant la force au gouvernement, permet le développement des passions populaires? Plus tard, cette île, privée de son appui, pourra-t-elle, sans être submergée, recevoir une si grande secousse? Mille beautés ressortent de ces institutions: la science y laisse subsister l'énergie vulgaire; la vitalité est partout; la réforme s'opère sous l'égide de la loi; l'orage gronde, mais Jupiter tient la foudre.

Quelques élections eurent la plus grande importance; en France, dès que les événemens sont importans, c'est qu'on est sorti de la légalité; en Angleterre, l'importance est dans la légalité même. La session s'ouvre et commence par une défaite du ministère sur la nomination du président; une défaite dès le premier jour. Le ministère espéra malgré cet échec; les radicaux voulaient refuser les subsides, et déjà M. Hume se préparait, lorsque lord John Russel le fit prier d'attendre, et réunissant toutes les forces contre le bill d'Irlande, renversa le ministère sur cette question. Alors sir Robert Peel vint à la chambre résigner sa place avec un regret qu'il ne cacha pas.

Jamais l'Angleterre ne brilla d'un éclat semblable à celui qu'elle a de nos jours, avec un peuple qui s'éveille et une aristocratie menacée, la science aux prises avec la justice. Ici observons comme les institutions vigoureuses mènent loin l'intelligence et les passions des hommes. Les Anglais, comme les Romains, ont uni les plus grandes choses: une existence civile très forte et des armées indomptables, le négoce et l'aristocratie, la liberté et la conquête. Bien plus: à mesure que leurs forces se sont accrues dans les quatre parties du monde, le peuple s'est éclairé à l'intérieur. Quand les Romains eurent conquis l'univers, ils avaient perdu tout ressort pour se régénérer, et la république ne trouva pas d'institutions pour la monarchie. En Angleterre, au moment où les Indes se constituent, cinq cent mille électeurs de plus entrent dans la constitution, un parti radical se forme, la puissance au dehors marche avec l'énergie au dedans. La constitution anglaise a changé plus d'une fois de face. Si l'aristocratie fixa aux champs de Runnemede les droits du peuple, elle n'eut, ni avant ce temps-là, ni depuis, une grande autorité; les Plantagenets et les Tudors furent absolus; Elisabeth, comme ses prédécesseurs, s'efforça d'étouffer la voix du parlement; les Stuarts firent couper les oreilles de ceux qui réclamaient les libertés publiques, et ce n'est que depuis 1688 que le jeu de la constitution s'est établi comme il est. L'aristocratie et le commerce ont pris toujours plus d'autorité; bien qu'une partie de la grande aristocratie, d'abord infidèle aux Stuarts, se soit, en s'y rattachant, ruinée dans les élections contre le gouvernement, et ait vendu ses terres à une noblesse nouvelle, de banque ou de commerce (où M. Pitt choisit un trop grand nombre de pairs), cet accident commun aux aristocraties n'arrêta pas l'influence croissante; l'aristocratie devint plus puissante et moins respectée, tandis que la boutique fut le rêve du peuple. La petite propriété étant négligée, les terres se réunirent dans des mains toujours moins nombreuses, et d'immenses charités secoururent la surabondance de population que l'accroissement des richesses produisait. Aujourd'hui, la population surabondante réclame une manière d'existence moins humiliante; les habitans des villes veulent une plus grande portion d'action.

Les Danois, les Portugais, les Français ont eu dans les Indes des établissemens qui ont péri ou ne sont rien; l'Angleterre a donné les siens à une compagnie qui a fait une fortune énorme et qui a conquis les Indes: aujourd'hui la compagnie est congédiée, l'Inde acquise. L'aristocratie a fait en quelque sorte pour l'Angleterre ce que la compagnie a fait pour les Indes; doit-on, peut-on la congédier de même? Cette nation qui entreprend des choses fortes a organisé tout fortement : défrichant les terres australes, elle y fonde la grande propriété, qui facilite la culture ; n'oublions pas la petitesse de l'île, ses travaux, sa discipline ; on ne fait les grandes choses qu'avec de grands efforts et de grands moyens ; la question est profonde : quand un héros s'est emparé de la France et, exerçant son génie guerrier avec le peuple le plus guerrier du monde, a soumis l'Europe, l'aristocratie anglaise, seule de taille aux circonstances, n'a pas plié ; les autres nations, préparées pour des résistances ordinaires, ont été broyées sous le char du soleil ; l'aristocratie anglaise, égale au prodige, a ranimé l'Europe, donné son sang, son or, fait retentir l'univers de son courage et de son éloquence ; les flots qui baignent ses rivages ont bien secondé son génie, mais il faut attribuer plus encore à cette école savante et fière qui mit en avant la hauteur et l'habileté.

Cette île fragile occupe des postes sur tous les points du globe ; elle a préparé l'avenir, la politique, les lettres d'un continent ; maîtresse des îles import[illegible]es dans les quatre parties du monde, elle pos[illegible] aux Indes un million de sujets, et en *prot*[illegible]e million. Quand on soumit à l'aristocratie de [illegible]se quatre millions de sujets dans le Levant, cette aristocratie, étonnée de sa conquête, y renonça et encouragea les entreprises particulières. L'aristocratie anglaise ne s'étonne de rien, ne refuse rien, suffit à tout. Active au dehors, tandis que ses marchands puritains ornaient les idoles de Jagrena et le char sous les roues duquel se précipitent les Indiens fanatiques, elle demandait les Açores à don Miguel, habituée à payer au dehors la puissance par la morale et le sang. Ici c'est le caractère avide et froid de la nation qui fait le triomphe ; l'absence de passion, de générosité, de sympathie ; le mépris, faute d'intelligence, ne sont pas les qualités de l'aristocratie seule, mais du pays entier ; et quand l'empereur

Napoléon disait que l'aristocratie n'a pas d'entrailles, mais que la démocratie en a, il eût pu faire exception pour le peuple rigoureux de l'Angleterre. Au siége de son gouvernement, l'aristocratie occupe les terres, mais en conquérant ainsi au dehors pour sa nation, à laquelle elle assure l'empire des mers et la liberté. Tant qu'elle subsiste, aucun citoyen ne peut changer la loi; c'est une raison d'Etat, c'est un sacrifice de chacun pour un corps qui assure la puissance et la constitution.

Hé bien! ce portrait de l'aristocratie ne paraît vrai qu'à nous et à ses derniers partisans; en l'écoutant, le peuple anglais secouerait la tête; et quand une institution, malgré sa beauté, est frappée ainsi de réprobation par un peuple éclairé, il faut que l'injustice partielle dont on payait de si grands avantages l'emporte désormais sur le reste. Les changemens se feront-ils par les moyens légaux? Y aura-t-il une révolution? Question des plus belles en nos temps! Si l'Angleterre passe sans révolution d'un état social à un autre, elle aura donné un exemple de sagesse et d'habileté sans pareil dans l'histoire.

Mais ce peuple, formé sous l'influence de l'aristocratie, en conservera-t-il l'ambition et l'esprit? Conservera-t-il les colonies, les Indes, l'influence en Europe? Si un géant nouveau se présente, saura-t-il le combattre et le vaincre? Si vous détruisez l'aristocratie dans un pays marchand, où seront le désintéressement et la noblesse? Si en France, chez une nation guerrière, nous nous défendons difficilement de l'industrie, que sera-ce d'un peuple mercantile qui ne connaît que le travail et le gain? Eh! comment pouvons-nous voir un moyen de conserver l'ancien ouvrage, sinon dans une aristocratie nouvelle renaissant de ses cendres, cette fois peu nombreuse, isolée, délivrée des préjugés où l'autre s'appuie?

Alors on tendra sans danger la main à ce peuple

des campagnes, qui vit d'aumônes quand il voudrait vivre de travail : lui livrer les terres dont on lui livre le revenu n'est pas fort difficile ; alors on améliorera sans risque le sort des ouvriers, auxquels la variété des travaux et la prévoyance publique assureraient facilement un sort heureux ; l'influence de l'argent et du rang sera diminuée ; la richesse de l'Eglise, partagée plus également ; l'habileté se combinera avec des mœurs plus libérales ; les lettres prendront leur rang ; la condition des femmes qui ont tant de part aux lettres sera relevée ; la loi du divorce rendue plus douce, l'instruction, plus répandue ; un esprit plus humain, plus généreux, protégera la faiblesse, l'enfance, ôtera quelque chose aux riches pour le donner aux autres, inspirera la bonté et la pitié ; au lieu d'appuyer par les préjugés des lois politiques qui ont de vrais motifs, on les appuiera par ces motifs mêmes, comme on doit faire de toute chose à un âge avancé de la civilisation.

Jusqu'ici, en Angleterre, l'habileté s'est mise du côté de la force ; nul homme sorti du peuple n'a été fidèle au peuple, ou plutôt tout homme habile a compris l'intérêt du pays dans l'aristocratie ; aujourd'hui les hommes sortis du peuple lui resteront-ils fidèles ? De nouveaux intérêts feront-ils naître de nouveaux devoirs et une nouvelle habileté ?

L'aristocratie anglaise, quoique recrutée dans le peuple, a perdu sans doute de son éclat : sir Robert Peel et lord Lyndurst, deux plébéiens, la conduisent aujourd'hui avec talent ; mais pour quelques hommes de mérite, combien la chambre des Lords compte-t-elle d'hommes bornés et indignes de leur place ? Lord Brougham seul brille par un mérite original et une éloquence digne des beaux jours du parlement. Combien cette question de la naissance d'ailleurs paraît frivole et ridicule une fois qu'on l'a mise en doute ! Comme les vues philosophiques et universelles la mé-

méprisent! Ceux que l'aristocratie ne rend pas plus forts, elle les rend plus bêtes; nous avons les deux extrêmes en Angleterre. Y a-t-il une société aussi ridicule, aussi petite? Les grands hommes mêmes prennent là quelque chose de misérable et de risible; vus de ce côté, les Anglais sont à la fois lourds et frivoles. John Bull est l'âne de la fable qui se lève sur ses pieds pour faire l'aimable et qui écrase les gens; le Français, aimable et philosophe, laisse loin derrière lui ce gros peuple. Les Anglais brillent par d'autres qualités; si le hasard et le bonheur concoururent à former leurs institutions, il faut attribuer beaucoup à ces hommes robustes, peu épris des délices de la vie, qui passent les nuits de leur jeunesse aux flambeaux à disputer sur les affaires publiques. Notre imagination ne peut contempler ce qui est beau sans vouloir l'imiter: parce que les Anglais n'aimaient pas le plaisir, qu'ils étaient propres aux passions politiques et aux liqueurs fortes, on a voulu en France les prendre pour modèles, et transporter chez nous, sans aristocratie, un gouvernement tout aristocratique. La France, qui cherchait à la voix de ses grands hommes à poser les principes du droit humain, avait-elle à suivre d'autres voies que les siennes? Si son peuple entraîné avait occupé un moment le pouvoir et montré sa lourde ignorance, il n'était pas resté long-temps maître, et l'esprit avait reparu de toutes parts.

La France, obtenant plus par la philosophie que l'Angleterre par la religion, s'est constituée enfin selon une humanité inconnue à sa rivale chrétienne. Les Français sont frères et leurs fortunes petites; nulle distinction ne sépare ici l'homme de son prochain; une certaine familiarité unit toutes les classes; la servitude même a perdu son amertume et sa honte. Certes si Jésus-Christ, renaissant tout à coup en Judée, où quelques Arabes l'attendent, traversait notre Europe, ce n'est pas la société anglaise qu'il appellerait sienne, mais plutôt celle où règnent les principes de son évangile.

Si notre légèreté concourut à nos lumières, la force des Anglais vint aussi en partie de qualités négatives, force du Nord, force d'impuissance et de médiocrité. Le Midi et l'Orient se sont perdus vingt fois dans les délices et l'abandon, quand le Nord a suivi lentement sa route en songeant au pouvoir et à l'argent. Chose triste! l'Angleterre a soumis les Indes, et le premier être créé par Brama s'enfuit au désert pour se plonger dans la méditation jusqu'à la fin des siècles; neuf rischis, produits par un second effort de l'Eternel, se refusèrent de même à l'action.....

CHAPITRE XXVI.

Trouverons-nous sur la terre l'exemple d'un peuple qui aura banni la science pour ne songer qu'à la vie matérielle, qui aura, en un mot, organisé les masses *contre* la supériorité?

Nous trouverons ce peuple comme nous trouverons une religion analogue *. Combien les mêmes choses sont différemment comprises par les nations! combien le génie de l'homme imprime un caractère particulier à ce qu'il saisit! Jésus-Christ ne s'est pas transfiguré une seule fois sur la montagne, en présence de saint Pierre et de saint Paul, il s'est transfiguré pour autant de nations qu'il y en a depuis la Syrie jusqu'au Nord. Le solitaire exalté de la Thé-

* Voyez l'ouvrage de M. de Tocqueville sur la *Démocratie en Amérique*.

baïde, le pontife ambitieux, le puritain rigide, ont compris chacun le Dieu selon leur caractère, tantôt passionné, source d'amour et de délices; tantôt brillant, vénal et formidable; tantôt calme et rigoureux.

Tandis que le Midi versait pour lui des flots de sang, en légitimant toutes les tyrannies, le Nord fondait par lui cette liberté civile et religieuse qui fut établie aux Etats-Unis. Si la Caroline eut d'abord une aristocratie qui donna les grands hommes de la révolution américaine, si la loi de primogéniture fut transportée dans la Nouvelle-Angleterre; après la révolution les principes de l'égalité triomphèrent: la loi fut abolie; en peu d'années les héritages se partagèrent, la division des fortunes poussa la nation dans de mêmes voies: un continent s'ouvrait; on défricha les forêts; les idées de la ferme s'établirent sans nulle autre de gloire ou d'ambition.

Colonie, les Américains avaient tout dû à la mère-patrie: courage, vaisseaux, lois, aristocratie. En ne gardant de ces présens que ceux qui assuraient la puissance matérielle pour rejeter l'aristocratie qui eût inspiré et développé leur caractère, ils se fixèrent dans une civilisation empruntée, sans invention et sans génie, qui mit de plus en plus les affaires dans la dépendance du peuple.

Mais quand on cite ce peuple comme un exemple, en comprend-on l'avenir? Se tiendra-t-il toujours dans la bassesse? Organisés pour la ferme, tant que les forêts fertiles s'étendront devant eux, les Américains seront fermiers; mais le loisir et la richesse ne développeront-ils pas les passions? leurs chefs n'en appelleront-ils jamais qu'à une démocratie grossière? l'esprit opprimé ne se relèvera-t-il pas? Les Américains sont hardis; ils sont pieux; et si leur religion manque d'éclat et de grandeur, elle ne manque ni de vertu ni de beauté. Déjà la puissance éveille l'ambition, déjà l'union menace de se dissoudre, déjà des différences éclatent entre le Nord et le Midi. Le Midi, moins actif et moins riche, mais plus brillant, plus spirituel, s'inspirant du climat, du soleil, des impressions qui ont départi la supériorité aux pays chauds, commence à montrer une hauteur qu'augmente l'habitude de régner sur des esclaves et de leur abandonner des travaux que le climat rend trop durs.

Actifs, agités, avec du bon sens, la connaissance du pays et des lois, les Américains, occupés des affaires publiques et d'autres, sont toujours en mouvement, soit pour la construction d'un chemin, d'un pont, soit pour une entreprise sur terre ou sur mer ; ils se risquent avec la même énergie au sein du désert, avides et aventureux; et, dans l'absence d'une digne inspiration, ils cherchent la fortune comme d'autres ont cherché la renommée. Ceux du Nord n'attendent pas, comme les Européens, un vent favorable pour se mettre en mer : leurs vaisseaux partent au milieu des tempêtes; la nuit, le jour, ils livrent au vent toutes leurs voiles ; de fréquens naufrages n'ébranlent point leur intrépidité : rien n'égale leur promptitude et leur économie; commerçans héroïques, faute d'un plus noble objet, ils risquent leur vie pour l'argent; la liberté, au dedans ni au dehors, n'inspire rien de beau; la médiocrité règne. Si on a voulu abaisser l'homme, on n'a pu mieux réussir. Le peuple, qui est un mauvais électeur, quoi qu'on en ait dit, ne choisit que des gens communs. On est frappé de la vulgarité et de l'ignorance des représentans des Etats-Unis à Washington : le sénat seul a la dignité et l'éloquence, parce qu'une double élection le sépare davantage du peuple. Une instruction grossière règne assez généralement, mais le pays ne possède point de savans ; les magistrats changent chaque année : on les oublie ; nul souvenir ne reste pour la science et l'histoire; les hommes capables se jettent dans le commerce, où ils font des fortunes considérables en détestant cet ordre de choses : quand les pauvres sont mécontens, ils se soulèvent ; mais les riches des Etats-Unis craignent pour leur fortune et se retirent : les juges seuls forment une sorte d'aristocratie. Ce peuple libre n'a pas seulement su défendre sa capitale ; quelques vaisseaux anglais ont foudroyé jusque dans Washington les bourgeois puritains. Ce peuple enfin, sans gloire et sans génie, est flatté par ses serviteurs avec plus de bassesse qu'on n'a jadis flatté les rois. Qui ne voit qu'il lui faut une autre inspiration ? Qui n'espère qu'il la reçoive tôt ou tard ? Le forum succèdera à la ferme, l'état à la commune. Cette race ne sera pas toujours si médiocre ; quelques hommes, s'emparant de ces élémens et leur donnant la couleur, appelleront à des jouissances morales ces armées de planteurs et de marchands.

La grandeur primitive de la race humaine sera rendue aux habitans des Etats-Unis, comme elle est départie à la race sauvage dépouillée par eux, qui, sortie vierge des mains du Créateur pour habiter cette terre, méprise les travaux sordides des Européens, leur oppose la guerre, la fierté, l'individualité, et s'enivre au fond de ses déserts d'une vie périlleuse, remplie d'émotion et de grandeur.

On s'aperçut promptement aux Etats-Unis que l'union n'était pas forte. Le peuple appela dans le danger pour la renforcer les hommes, non pas qu'il *aimait* le plus, mais qu'il *estimait* le plus. Ceci est remarquable et confirme cette vérité que le peuple est un mauvais électeur ; ceux qu'il estimait n'étaient pas ceux qu'il aimait, et le danger seul les lui fit choisir. Ces hommes firent la constitution fédérale, qu'on dit la meilleure des Etats-Unis ; ils resserrèrent le gouvernement et élevèrent le sénat. Craignant la trop grande influence du peuple, et par là son asservissement, ils combattirent le danger par un commencement d'aristocratie naturelle. Le parti fédéraliste domina dans les crises qui donnaient une vie politique avant que la tranquillité et la ferme ne s'établissent. Ce parti sentit qu'il fallait une aristocratie légale, ou qu'il y en aurait une usurpatrice; qu'il fallait une place pour les forces morales, ou qu'elles troubleraient l'État. Les autres pays ont commencé par les passions pour aller à l'égalité; les Etats-Unis marchent désormais de l'égalité aux passions. La constitution fédérale s'établit au dessus des autres, et régna non sur des états, mais sur des individus, forte encore parce que les états sont au même degré de civilisation, parce que la forme du terrain y aide, et surtout parce qu'il n'y a encore ni voisins ni guerre.

Nous voyons quelle inquiétude les nègres causent au sud; affranchis au nord, ils vivent misérables et mal traités; au sud, esclaves et plus heureux, leur grand nombre pèsera dans l'avenir. Le nord, en les affranchissant, les a envoyés au sud; le sud, qu'en fera-t-il? ou bien les nègres, que feront-ils du sud?

Les commencemens des Etats-Unis, d'ailleurs, la ferme et la liberté, valent mieux que la barbarie; et s'ils ont plus d'instrumens tout faits que d'invention, c'est le caractère des colonies. Ce peuple nous montre comment l'égalité absolue ne produit rien de beau, comment une nation qui n'a été formée ni par la royauté, ni par l'aristocratie, est vulgaire, et comment, si le monde n'avait pas tout trouvé pour les Etats-Unis, ils n'auraient jamais fait faire un pas aux sciences, aux arts, ni à l'industrie.

CHAPITRE XXVII.

Proclamons notre fidélité à la royauté actuelle de France et à celle qui reste en Europe. A Dieu ne plaise que nous voulions ébranler les seuls appuis qui, aujourd'hui, tiennent encore le ciel sur nos têtes!

Mais c'est une royauté transitoire et mourante, protectrice d'un avenir où elle n'assistera plus.

Le sceptre sera rendu au plus digne, et le mot d'Alexandre est une vérité éternelle. Quand sera-t-il rendu? Comment? Nous l'ignorons encore. On n'arrête pas l'élévation humaine, on ne la fait pas reculer; on peut la plier aux exigences du moment, mais c'est pour la voir ressaisir tôt ou tard son but. Croire que l'homme a su jadis réaliser ses plus précieux instincts et qu'il ne le saura pas à l'âge de la civilisation, c'est absurde. Nulle institution n'a été si haute et nulle ne s'est traînée si bas que la royauté: des rois misérables, perdant la tradition, en furent réduits à leur propre force, qui, n'étant rien, se dégrada et les conduisit à une honte où de simples hommes ne pouvaient pas arriver. Quand la vertu était oubliée, les vrais chefs devaient la rétablir; ils se présentèrent; l'empereur Napoléon fut couronné; mais les plus grands hommes, nous l'avons remarqué, succombent s'ils ne sont pas soutenus, et l'on ne doit pas plus les obliger de soumettre les nations par la violence que les leur livrer sans condition.

La vieille royauté, en se dégradant, devint une injure pour le talent. Voici, par exemple, Jacques Ier et Bacon en présence, l'un le rebut de la société et de la nature, l'autre un des plus grands hommes qui aient paru, faibles tous deux, l'un sans excuse, l'autre méritant des autels. Quand Bacon, entraîné par les bassesses de la cour, l'influence des valets, qui étaient les maîtres sous Jacques Ier, les longues difficultés que l'envie opposa à sa carrière, et une ambition si noble d'abord qu'il ne fallait pas moins que ce règne pour la corrompre; quand Bacon s'égara *, il n'en méritait pas moins le respect pour son génie, sa vie laborieuse, ses expériences scientifiques, ses découvertes, sa puissance presque divine qui le plaçait au dessus des hommes; le roi reste sur un trône qu'il ruine et précipite, et Bacon est puni; le roi meurt en paix, et Bacon meurt de chagrin, disant: « Je laisse mon nom et ma mémoire aux nations étrangères. Et à mes concitoyens après quelque temps. »

Si les descendans des vrais rois durent rougir de se trouver si indignes d'eux, les rois nouveaux, héros après l'action, ne doivent-ils pas rougir aussi? Le Roi des Français a répondu à la voix du pays qui cherchait un sauveur dans des circonstances dangereuses, il était Français et de race; mais Léopold en Belgique! mais Othon en Grèce! Quels rois ridicules! Ne le sentent-ils pas? Osent-ils recevoir les hommages de soldats qu'ils n'ont pas commandés, de peuples qu'ils n'ont pas affranchis? Le jour viendra où un juste sentiment de ridicule rendra aux rois la pudeur; on aura honte de porter un diadème sans l'avoir mérité; un autre Léopold se retirera modestement en désignant des Flamands plus dignes que lui; un autre Othon, avec un front rougissant, s'inclinera devant les héros grecs, en suppliant son père de ne pas l'accabler de confusion; il lui dira: « Irais-je régner sur ces guerriers, descendans des dieux, qui viennent, suivis de leurs palikars superbes, discuter

* Il s'est égaré d'ailleurs beaucoup moins qu'on n'a d'abord prétendu.

les affaires dans un hangar de bois de sapin? Aurais-je leur attitude martiale et fière? leur voix émue, ferme, harmonieuse? leurs traits intelligens et grecs? Ma timide jeunesse imposera-t-elle à leur valeur? Oserais-je, comme ces chefs héroïques, délibérer armé? Mes chevaux, comme les leurs, henniront-ils à la porte pour reprendre le chemin des montagnes? »

Les Grecs opposeront peut-être que nous sommes des races modernes et du Nord, que nous n'avons pas les grands hommes qu'avait l'antiquité. C'est là une infériorité que nous ne voudrions pas reconnaître; mais comment douter que nos populations nombreuses ne nous donnent les hommes que nous demanderons? Une science politique nouvelle doit les mettre en avant. Tout état social a sa science plus ou moins forte. L'homme n'atteint la beauté que par la science; son instinct peut lui dire ce qui est beau, mais des combinaisons seules lui font fixer le beau, en saisir et consacrer les conditions.

Respectons le présent comme le seul moyen d'atteindre un avenir digne de nos travaux, de nos espérances et de l'étendue de notre empire.

CHAPITRE XXVIII.

Et tout de suite, comme une conséquence de ce qui précède, attaquons la majorité. Le peuple est un mauvais électeur, l'expérience le fait trop connaître : nous avons vu qu'aux Etats-Unis on trouve des hommes de mérite parmi les gouvernés et qu'on n'en trouve point parmi les gouvernans; que le peuple fait de mauvais choix, et qu'il n'aimait pas ses grands hommes. Sans doute ce peuple, mal conduit depuis qu'il est formé, manque plus qu'un autre de caractère; mais si le peuple romain, le modèle des peuples et le mieux instruit, montra long-temps sa sagesse par ses suffrages, il finit par s'égarer. Caton, opposé à l'achat que les candidats faisaient des voix, ne put obtenir le consulat, puni par le peuple qu'il voulait sauver.

Certes il est impossible de penser que la foule inculte sera le vrai juge. Qu'elle soit consultée sur différens objets qui la touchent directement, qu'elle nomme ses députés; mais le pouvoir d'en haut, mais l'aristocratie doit partir d'ailleurs.

CHAPITRE XXIX.

Le caractère du Français nous dit où il est appelé: Gaulois, Franc, ce fut un seul homme, guerrier, léger, galant, ambitieux et cruel, égorgeant des victimes humaines dans les forêts druidiques ou dans les rues de Paris; cherchant le luxe et la politesse dans les villes riches de la Gaule ou à la cour magnifique des rois; jouant dès la barbarie le premier rôle en Europe; fondant à la renaissance des lettres sa fameuse université; savant, profond, rapide, soldat de Saint-Louis, compagnon de Louis XI, courtisan de Louis XIV, vainqueur à Austerlitz, et rêvant aujourd'hui la république avec les frontières du Rhin et de la Hollande, le cours des fleuves en Europe, et l'affranchissement des nations amies. Dieu, la royauté et le génie imprimèrent à cette race un grand élan. Un tel peuple a dû renverser l'aristocratie factice, car il est en quelque sorte une aristocratie à lui seul.

Des hommes qui l'ont formé nous en avons vu un : le règne de l'empereur Napoléon a amené de grands malheurs ; mais qui pourrait préférer que ce règne n'eût pas existé? Quelle ambition il a laissée au peuple! Comme il a bien inspiré les masses! Aujourd'hui où trouve-t-on les portraits de l'Empereur, les gravures de ses batailles? chez le peuple, dans les chaumières des paysans : ici est une des meilleures preuves de l'enchantement du peuple pour le génie; croit-on que l'habitant des États-Unis qui compte ses dolards soit heureux comme le soldat qui rappelle ses hauts-faits et les paroles que lui adressa l'Empereur?

Souvenons-nous de cette jeunesse illustre formée à sa voix : aimable et héroïque, mêlant la guerre et l'amour, un regard, un mot de l'Empereur, un ruban donné de sa main, une blessure, formaient sa noble ambition. Ce n'étaient point des esclaves attachés au char du maître, c'étaient des enthousiastes heureux, chez lesquels un grand homme éveillait les élémens de la vertu; l'exercice du talent est moral, car le désordre n'amène rien : pour la guerre il faut le courage, la discipline, l'activité, la résignation, et quand on admire son chef, il y a le dévouement, l'estime, la ferme direction du talent. Sous lui ils étaient sûrs de vaincre, et cette conviction était le plus bel hommage à son génie.. Que ne pouvait un tel homme avec une telle nation? Ce qui est arrivé était dans la destinée de ces deux héroïsmes unis. Jamais homme ne fut plus tenté *. Et tous ceux de cette espèce, quand

---

* « J'ai voulu l'empire du monde, et qui ne l'aurait pas voulu à ma place? »

(L'Empereur à B. Constant, dans les cent jours.)

bien même ils n'ont pas l'éducation religieuse ou politique, éveillent heureusement les forces de leurs semblables; le plus souvent chétifs de corps, s'ils marchent avec une ambition démesurée, avec la cruauté ou l'inconséquence, ils ne se font suivre des hommes qu'en appelant à la noblesse du courage et de l'admiration. Si trop souvent la mort et la terreur marchent avec eux, les qualités aussi qui rendent l'homme invincible marchent avec eux : par des signes visibles nous voyons Dieu remettre l'homme aux mains de l'homme.

Cette jeunesse qui suivait l'Empereur au combat, née maintenant sous d'autres influences, dirige la presse l'épée à la main, ou bien se jette dans une littérature corrompue, ou s'adonne aux métiers paisibles et subalternes. Le trait qui la caractérise est l'ignorance; de là, l'égarement de sa générosité, des convictions légères, proclamées et abandonnées. S'il était bien reconnu que la première preuve de la capacité est le savoir, on ne verrait pas tous ces grands hommes de 25 ans, dont la vie est si misérable. L'égalité les appelle et les corrompt; la vanité et non la vertu les convie, et leur médiocrité est le juste châtiment dû à leur médiocrité. Ne les accusons pas, leur cœur est généreux, la société les perd, rien ne leur est offert qui les soutienne; tout à l'heure l'admiration les tenait soumis, et nul sous l'Empereur ne s'est cru l'Empereur; ces mille Napoléon nés depuis font bien voir que Napoléon manque. Qui ne connaît la bravoure des élèves de droit, de médecine, des écoles militaires; qui doute de l'honneur de ces jeunes gens? Trouverait-on de meilleures armées? Qui n'a vu avec attendrissement l'amour de l'humanité s'éveiller chez eux? Leur tort est celui d'une démocratie sans direction et sans chefs : le mérite obtient moins d'honneur que l'intrigue; ceux qui veulent relever la pauvreté restent à l'écart, les fripons font fortune, et la banque forme une aristocratie au rebours. Vieux temps féodaux, châteaux de nos seigneurs, tournois, aimable cour, règne fameux de la gloire et des lettres, la France libre va-t-elle vous regretter, et la démocratie n'aura-t-elle pas ses talens et son éclat? Suivons ces jeunes gens, arrachés à une vie simple et douce pour se jeter sans ressources dans les agitations cruelles de l'ambition et de l'impuissance unies: celui-ci, fils d'un marchand, aimé dans sa famille, travaille pour un mauvais journal républicain, où il puise des idées fausses et la plus belle idée de lui-même; il a quitté sa vie modeste, il a fui la fille aimable qui lui était destinée pour femme: tout à l'heure (il l'espère) il paraîtra pour offense politique devant le juré. Mais quoi, n'est-il donc pas d'élévation civile dans les occupations communes, au foyer domestique? Les citoyens romains qui votaient dans les comices, en labouraient-ils moins leur champ, en aimaient-ils moins leur femme? Pour un Français, être citoyen c'est briller: démocratie vaniteuse et grossière! Elevez vos cœurs et restez à vos places; attendez qu'un mérite véritable vous en arrache; vous voulez changer l'état, et vous ne savez pas ce que c'est que l'état, vous ne connaissez ni l'histoire de votre pays ni celle de vos voisins? C'est en faisant vous-mêmes l'histoire les armes à la main, avec une valeur sans égale, que vous voulez apprendre l'histoire. On dira: Tel jour les républicains se sont armés, et la France a changé de gouvernement! — Ce qui suivra, le savez-vous? Craignez de l'apprendre par vous-même.

Quoi! livrons-nous notre pays aux esprits ignorans et bornés? Si les anciennes formes préservatrices sont renversées, chaque âge n'a-t-il pas sa noblesse? Ils ont dit que l'esprit se divise comme la propriété, que nous n'aurons plus de grands hommes, mais des hommes éclairés. Hélas! avec la quintescence de tous ces esprits, trouverons-nous un esprit véritable? Hélas! Montesquieu, Rousseau, avouez-vous ces parcelles qui nous illuminent? Et voyons l'Amérique et sa médiocrité. Non, non, la France ne peut longtemps supporter cette bassesse. Au premier jour, si l'on n'y prend garde, elle va suivre, sans science et sans conditions, quelque chef qui la rappellera à son caractère, à la gloire, à l'honneur.

On a dit que le talent* n'avait pas besoin de protection, qu'il se suffisait à lui-même; mais cela n'est pas vrai. Loin de là, modeste, fier, souvent timide, vivant à part, si l'exercice de notre esprit nous enchante et nous fait croire à chacun que nous avons un esprit supérieur, le talent est moins dupe de cette illusion; il la comprend vite, il la remarque chez les gens communs; rêvant et désirant plus qu'il n'obtient, ses travaux, si loin de ses espérances, l'affligent plus qu'ils ne le charment. S'il sent sa force enfin, s'il en est sûr, c'est une force mortelle, pleine de faiblesse, c'est cette raison de Pascal qui fait tristes ceux qui la possèdent. En appelant aux affaires le talent privé de richesses et d'appui dans un monde où la richesse garde encore une grossière influence, on l'a conduit à des séductions fortes et à des douleurs vives; s'élevant dans l'obscurité au dessus de la vie commune, profitant du repos pour l'étude, s'emparant du ciel, du monde, mesurant la grandeur des astres, s'informant si une seule loi générale conduit l'univers, si Dieu est soumis lui-même à une nécessité matérielle, sa richesse lui importait peu, et la petite maison de Galilée à Arcetri suffisait à celui qui lut dans la voie lactée et nous révéla des milliers d'étoiles. Mais le talent appelé aux affaires laisse à l'entrée du forum le doux manteau de l'académie; il laisse la simplicité

* M. Odillon-Barrot.

des mœurs, la simplicité du cœur. Les orages de la vie publique le trouvent d'autant plus accessible, qu'il a plus de vigueur et de jeunesse : c'est le ciel brillant de mai visité des tempêtes. O vous qui étudiiez avec délices dans votre modeste demeure, vous qui honoriez des maîtres morts, vous voici au milieu des hommes : la médiocrité, l'envie, s'attacheront à vos pas ; vos plus généreuses pensées seront mal comprises, et vos fautes légères, pesées dans d'inégales balances ; vous perdrez la dignité de l'obscurité dont vous n'aviez pas connu le prix ; un monde imbécille vous reprochera l'originalité et la franchise ; les qualités de la puissance seront des crimes. Votre sensibilité, destinée à la tendresse, mais détournée de ses voies, se prendra à des misères ; vos yeux verseront des larmes sur des petitesses ; et, perdus dans ces vallées ténébreuses, vous vous oublierez vous-mêmes avec la justice et la force.

CHAPITRE XXX.

Notre ame immortelle est renfermée dans un corps mortel : nos yeux voient, nos mains touchent ; nous cherchons des formes, l'esprit pur descend aux images. Là est notre infirmité. L'ame en s'élevant laisse loin des images passagères comme son corps, et revenant sur elle-même s'inspire encore dans l'esprit pur. Ce qui a duré dans le passé étoit fondé sur la religion, l'enthousiasme, les passions. Ces bases éternelles nous sont léguées par nos pères ; autant l'édifice qu'elles soutiennent encore est ruiné, en décombres, couvert de mousse et de ronces, autant la base est sûre. C'est sur elle que nous vivons ; nous ne pouvous pas plus nous en détacher que nos pieds ne se détachent du sol ni nos yeux du ciel.

La loi civile, l'ordre moral, conformes à cette base, sont les seuls qui satisfassent l'homme, répondent à son génie et lui fassent mettre ses forces dans une voie.

Observez les idées de la jeunesse : quel enchantement ! Respectons ces inspirations premières. En France, nous lui voyons bien des défauts; mais comme elle sympathise avec ce qui est beau ! Voici un peuple qui vient de secouer le joug : pense-t-il à lui, à son triomphe? Non, un cri est jeté à Bruxelles, un autre à Varsovie, un autre aux Alpes. Le Français dit : Marchons, nos frères nous appellent ! Il voulait s'emparer de la Belgique, oui; mais voulait-il une seule ville de la Pologne, de l'Allemagne et de l'Italie ? Il voulait la justice et la liberté, et le grand homme qui agira avec ces mots et pour ces choses, sera le maître du monde. Une femme qui n'était pas dans nos rangs est venue combattre dans la Vendée; elle a été héroïque; elle s'est trouvée enceinte. Eh ! qu'importe? S'informe-t-on des mœurs des héros? est-ce par là qu'on les juge? A-t-on cru qu'une Napolitaine guerrière serait chaste? est-ce la puissance du Midi? Elle a été femme hardie, femme complète : elle a été héroïque et mère. Elle combattait pour son fils; lui reprochera-t-on sa fécondité? Mais ce fils est roi? Ainsi la société éteindrait la nature ! Elle était libre : voilà toute la réponse.

Les femmes qui ont défendu la duchesse de Berry ont paru inconséquentes, et ne l'étaient pas. C'est un exemple contre le préjugé, et cette maternité en haut lieu est la plus profitable. Il ne s'agit pas ici d'Henri V; loin de là, sa mère a secoué un des préjugés sur lesquels il s'appuie. Voilà le reproche de son parti : c'est pourquoi ce n'est pas le nôtre.

Les Français ont des sentimens au dessus de l'amour de la liberté, au dessus de l'esprit de parti, au dessus même de l'esprit national. Ils ont des sentimens magnanimes. Quel peuple à conduire ! Organisez la science pour cette nation, faites une œuvre digne des inspirations qu'elle a reçues !

CHAPITRE XXXI.

Voici l'embouchure du Serchio, le temps est orageux, la mer se précipite au devant du fleuve, qui recule en courroux vers la terre ; le tonnerre gronde, la pluie tombe par torrens. Une frêle barque est à la mer et s'avance en péril vers le Serchio, où la poussent plus rapidement qu'elle ne voudrait le vent et les vagues ; quelques marins robustes s'emploient à préserver le bateau ; les passagers, inquiets, regardent le ciel, le rivage ; un d'eux s'écrie, s'agite, reproche aux autres leur calme, et laisse voir qu'il craint la mort : petit, pâle, blond, nerveux, son œil est vif, son air, fier, et sa terreur n'a pas détruit l'air de domination qu'il porte. Mais le vent s'apaise, le tonnerre se tait, la mer n'a plus qu'un courroux inégal, l'embouchure du Serchio est moins redoutable, la frêle barque trouve sa route dans le fleuve ; on aborde au rivage, et comme les voyageurs, à terre, reprochèrent à l'homme craintif sa terreur passée, il répondit : « Chacun sait la valeur de sa vie. »

Cet homme était Castruccio, alors simple gentilhomme ; guerrier intrépide, il devint seigneur de Lucques, de Pise, de Pistoïa, chef du parti Gibelin, maître de l'empereur Louis de Bavière : ce fut un héros qui mena les affaires de la Toscane et de l'Italie ; sa mort, sauvant Florence et le parti Guelfe, fit

7

tressaillir ses concitoyens de Naples aux Alpes : il prévoyait cela dès le Serchio. Carrière de l'Italie au moyen âge, toute personnelle, gloire isolée, dont le pays ne profitait que par morceaux, et qui n'éleva Lucques que pour un jour.

Les Français, sous les ordres de Labourdonnaie, viennent de s'emparer de Madras. Un jeune Anglais, employé dans l'Inde, fils d'un procureur de campagne, appelé aux armes pour se défendre contre le bombardement des Français, les voyant vainqueurs, se déguise en maure et se sauve au fort Saint-David, à cent mille de Madras.

Ce jeune procureur, ce soldat, ce maure, était Clive, depuis enseigne, lieutenant-colonel, vainqueur et gouverneur des Indes. Habile et héroïque, il décida, étant lieutenant-colonel, qu'il fallait marcher, de Madras, au secours de Calcutta, n'ayant que vingt-quatre ans, 900 européens, 1,500 indiens et quelque force navale ; il reprit Calcutta, enleva Chandernagore aux Français *, fonda l'empire des Anglais dans l'Inde, acquit à la compagnie dépouillée le pouvoir d'investir les Nabobs dans le Bengale, dont il lui donna plus tard la souveraineté, traita généreusement l'empereur du Mogol, éleva en moins de dix ans la compagnie d'un mauvais fort de refuge à Calcutta à la souveraineté du plus riche des royaumes du monde, et écrasa enfin la France redoutable et rivale.

Marcher de Madras à Calcutta, soumettre le Bengale, dépouiller l'empereur du Mogol, Clive fit tout pour l'Angleterre ; gardant l'initiative de l'audace et de l'action, libre sous les tropiques, il rapporta sa conduite à un but unique, la puissance et la gloire de son pays.

---

* A seize milles de Calcutta. Il était né en 1725. Mort en 1775.

Lui et Castruccio avaient pris des vues et des vertus différentes. A quoi Castruccio eût-il sacrifié son ambition? où employer son énergie? Et lord Clive eût-il daigné fonder pour lui un empire dans les Indes, faible, éphémère? Il songeait à une grande nation, à la sienne; il combattait sous ses ordres, pour un but certain; en un seul jour il disposait de plus d'hommes, de villes, de trésors, que Castruccio n'en employa dans toute sa vie; les sommes qu'il donne aux princes dépouillés sont prodigieuses; il paie avec l'or des Indes l'asservissement des Indes. Le génie brut peut préférer l'existence de Castruccio; mais le génie cultivé, qui voit loin, qui cherche la grandeur des résultats et de l'avenir, préférera la carrière de l'Anglais.

Dans nos temps nous n'avons plus de gloire isolée; tout homme s'unit à son espèce, et travaille pour elle; la *pensée* est désormais unie à l'action, car l'action bien comprise est à la fois utile et glorieuse.

CHAPITRE XXXII.

Il est une démocratie-modèle qui a dominé l'Europe, qui est finie dans sa base et son but, mais dont les formes restent comme un chef-d'œuvre. Recrutée dans tous les rangs et au plus bas étage, ses grands hommes étaient des charpentiers, des pâtres; l'un avait conduit les vaches, l'autre labouré la terre. Jamais on ne vit rien de si noble que ces parvenus. Ils eurent les maximes les plus fermes, la conduite la plus habile; jamais aristocratie héréditaire ne brilla d'un tel éclat. Une hiérarchie séparait les différens degrés de cette démocratie : en bas, des assemblées générales où se traitaient les affaires de la démocratie entière. Un corps d'élite de 60 à 80 membres, doté, pompeux, royal, qui nommait un chef dans son sein, chef presque absolu, mais soumis aux assemblées générales. Les derniers rangs de la hiérarchie pouvaient atteindre au trône; le talent suffisait pour y conduire; et comme un moment la vertu dut s'y joindre, un moment cette démocratie réalisa ce qu'on peut imaginer de plus élevé au monde.

Cette démocratie, c'est l'Eglise romaine. Comme elle était théocratique, elle joignit à sa force humaine une force sublime dont elle abusa aussitôt. Nous ne voulons pas parler ici de sa religion, sa domination sur les rois, ses croisades, son élan particulier, mais seulement d'une hiérarchie libérale et puissante. Comme gouvernement, cette forme est la vraie : tous sont appelés; l'élection part de l'aristocratie même. Si la richesse et la naissance y gardent une influence difficile à détruire, la pauvreté n'y nuit point à l'ambition. Du fond de leur cellule austère de pauvres moines tinrent les yeux fixés sur la tiare sans désespérer du ciel. Ce qui reste aujourd'hui de ce gouvernement n'est qu'un cadavre; l'esprit, l'habileté, n'y sont plus; des vieillards dirigent d'une main tremblante un convoi; l'Etat est mort ou va mourir. Mais jadis toutes les sortes de respects s'unissaient autour de ces hommes. Revêtissant là pourpre dans la force de l'âge, Dieu et la société appuyaient leur énergie. Le pouvoir religieux a toujours fini par corrompre ceux qui l'ont possédé par le doute qu'il inspire et l'abus où il entraîne. Nous n'avons voulu parler ici que de la forme démocratique, un corps recruté dans le peuple, un chef élu par le corps, le talent appelé de partout, mais l'élection haut placée.

CHAPITRE XXXIII.

Après avoir en France soulagé le peuple et l'avoir rendu maître des terres, les Français, au lieu d'organiser *la tête* de l'Etat, ont continué de s'attendrir sur les masses, les poussant à la révolte et exerçant la pitié sur des douleurs imaginaires : la jeunesse des boulevards se passionnait pour les ouvriers, les pauvres, sans s'informer du sort des ouvriers et des pauvres; on avait plaint le peuple, le troupeau plaignit le peuple. Il eût été facile pourtant de trouver des faits, et, en rejetant la statistique qui circule, d'aller aux documens officiels.

Loin de nous l'idée que le peuple ne demande plus de soins ni qu'il devra jamais s'en passer. Quel homme peut se croire dégagé envers son semblable, tant que son semblable n'est pas si bien que lui? Mais pour satisfaire les besoins du peuple il faut les connaître; et si à un homme qui demande de l'instruction vous portez du *pain*, vous vous trompez grossièrement. Or, chacun sait que la France, sur cinquante millions d'hectares, dont quarante sont en culture, contient trente-deux millions d'habitans, et que la propriété est partagée, d'après les évaluations les plus basses, entre cinq millions d'hommes : en supposant quatre personnes par famille (ce qui est peu), nous aurons vingt millions de personnes composant les familles propriétaires. Que dirait Tiberius Gracchus, lui qui s'écriait devant le peuple :

« Les bêtes sauvages des montagnes et des forêts de l'Italie ont leurs tanières pour s'y retirer, mais ces braves Romains ne possèdent que l'air et la lumière, qu'on ne peut leur ravir. Les généraux, dans les batailles, les exhortent à combattre pour leurs tombeaux et leurs dieux domestiques, et nul d'entre eux n'a autel paternel ni tombeau de ses ancêtres. » Sans doute, le grand nombre entre les propriétaires n'est pas riche, et nous voyons dans les cotes officielles les hauts imposés peu nombreux, tandis que les imposés au-dessous de vingt francs se comptent par millions. C'est un peuple agricole qui vit dans les champs, car la population est ainsi répartie : dans les villes, huit millions; dans les communes et campagnes, vingt-quatre millions.

Comme preuve de l'industrie des habitans des villes, nous trouvons d'après les comptes officiels des finances, plus d'un million de patentés, ce qui fait, à quatre personnes par famille, quatre millions composant les familles de chefs d'industrie, qui, ajoutés aux propriétaires, font vingt-quatre millions de Français réclamant des appuis pour la propriété et le commerce, et non pour l'indigence. Il faut ajouter les propriétaires des fonds, les marchands, quatre cent mille soldats, les hommes en place, les domestiques. . . . .

Le Français vit sur son sol. Le revenu territorial monte pour l'agriculture à. . . . . . 5 milliards fr.
Pour le commerce et manufacture à. 3 *id.*

8 *id.*

Le commerce est une mince source de richesse, puisqu'un pays si étendu n'y compte que 700 millions et demi de francs d'exportation et 700 millions d'importation *.

Nous connaîtrons le bien-être au petit nombre des crimes. Dans un très beau travail du gouvernement, publié par les ordres de M. Barthe, nous trouvons, en 1830, un accusé sur 4,576 habitans, c'est-à-dire

* Documens statistiques sur la France, publiés par le ministre du commerce en 1835 (M. Duchâtel.)

6,962 accusés, dont 1,354 femmes. On en a condamné 4,130, dont :

92 à mort (38 seulement exécutés).
268 aux galères perpétuelles.
973 à temps.
1,005 réclusion.
8 carcan.
1 dégradation civique.
1,740 peines correctionnelles.
43 détention.

Entre les crimes, il y a eu 104 infanticides par les filles mères !

Des accusés, le nombre ne sachant ni lire ni écrire

était de.	4,319
Sachant lire et écrire imparfaitement. . .	1,826
Bien lire et écrire.	688
Instruits..	129
	6,962

Si l'on examine ces chiffres, on trouvera faible le nombre d'accusés et de condamnés, comparé à la population. Les tribunaux correctionnels ont eu 210,691 prévenus, dont 47,884 femmes. Sur ce nombre, 177,721 ont été condamnés, dont 151,167 à l'amende seulement. Les jurés n'étaient cette année-là que 118,228.

Les départemens du Nord, qui forment plus d'un tiers de la France et sont les plus instruits, commettent les crimes contre les propriétés ; et les départemens du Midi, formant un autre tiers, plus ignorans, commettent les crimes contre les personnes. Le Doubs, la Seine, le Bas et le Haut-Rhin sont les plus instruits ; l'Allier, la Sarthe et les Côtes-du-Nord, les plus ignorans. *

* Documens sur la justice, publiés par M. Barthe.

Provence! Gascogne! Bretagne! Bourgogne! on vous a ôté votre existence propre et vos souvenirs. Nos provinces rapetissées en départemens retrouveront-elles un jour, avec la sûreté du pays, une histoire aussi, leur aristocratie et leurs richesses?

On a beaucoup exagéré le nombre et le malaise des ouvriers; dans les campagnes, une grande partie des propriétaires sont ouvriers. Ceux qu'on plaint, ce sont les ouvriers des villes; mais en comptant ceux de Lyon, de Rouen, des villes manufacturières et des grandes villes, on voit que le nombre n'en est pas considérable, et qu'il y aurait des moyens faciles d'améliorer leur salaire et leur sort. Les personnes les mieux informées nous assurent qu'il est bien rare qu'un homme qui veut travailler ne trouve pas d'ouvrage. Quand on a questionné les pauvres et visité leurs établissemens, on s'aperçoit que la pauvreté est plus souvent le fruit de la paresse et du vice que de la société. Les gens qui habitent les villages savent qu'on y connaît très peu ou point de pauvres; les femmes veuves chargées d'enfans sont les plus à plaindre: la commune devrait les soulager et mettre leurs enfans en apprentissage.

Qu'a-t-on fait pour ceux qui ne possédaient rien? Les hôpitaux de toute la France et les Enfans-Trouvés ont, de leurs propres fonds, des départemens et du gouvernement, une rente annuelle de 49 millions. Sur notre énorme population, on ne trouve, en général, à la fois dans tous les hôpitaux de la France que 150 mille malades; et le nombre d'individus secourus à domicile dans toute la France n'est pas de 700 mille*. Des bureaux de bienfaisance et de nombreux établissemens pour les malades, les blessés, les sourds-muets, les aveugles, les vieillards, les aliénés, dépen-

* Documens statistiques, publiés par M. Duchâtel.

sent par an des millions. Dix mille enfans, à Paris, reçoivent leur éducation gratis; et, depuis Juillet, on a porté d'un million à plus de 5 millions les dépenses de l'instruction primaire; les petits enfans sont tenus dans des salles d'asile; l'enseignement industriel s'est augmenté pour les chefs d'industrie, et surtout pour les ouvriers; des sociétés de secours et d'associations mutuelles se sont établies dans presque tous les états, et la classe pauvre enfin jette et puise par millions dans les caisses d'épargne, où elle avait, à Paris seulement, en 1833, plus de 43 millions. Ce n'est pas que nous partagions l'admiration qu'inspire la caisse d'épargne. A un ouvrier pauvre on dit: — Vivez aussi mal et aussi tristement que vous pourrez; épargnez sur vos rares plaisirs, sacrifiez le dimanche et déposez dans la caisse d'épargne votre pénible économie. — Le peuple, déjà gêné, devient par là avare et intéressé au dernier point. Il est bien cruel au riche de prêcher ainsi l'austérité au pauvre ouvrier qui, le dimanche du moins, oubliait gaîment son travail de la semaine. Cette différence d'un plaisir et d'un jour peut changer la vie: à un certain degré la privation fortifie l'existence et rend le plaisir plus vif; la privation outrée détruit le plaisir même, et la vie s'empreint de l'ennui d'un travail forcé. Au premier moment où l'on proposa des caisses d'épargne, les ouvriers, malgré les conseils des chefs d'ateliers et de manufactures, montrèrent une extrême répugnance à sacrifier le plaisir du dimanche et du lundi; ils ne s'y résignèrent que peu à peu et pas tous. C'est l'Angleterre qui nous a enseigné ce système intéressé et rigoureux comme elle. Dès 1829, 360 millions de francs étaient versés dans les caisses d'épargne de l'Angleterre et de l'Irlande; en 1833, le parlement décida que tout individu qui, dès l'âge de 20 à 30 ans, déposerait 6 francs par mois dans une caisse d'épargne, recevrait du gouvernement, à l'âge de

60 ans, une pension viagère de 500 francs, et que s'il mourait avant l'âge de 60 ans, le trésor public restituerait le capital déposé sans les intérêts.

La décision du parlement est sans doute belle, mais ne pourrait-on pas, comme avait fait, je crois, la Convention, arranger que tout ouvrier dans sa vieillesse recevrait une pension s'il prouvait qu'il en a besoin? N'est-il pas plus dur pour l'ouvrier d'être dans la misère que pour le propriétaire de payer quelque impôt de plus; c'est au profit de l'humanité qu'on ébranle un peu chez nous les idées de la propriété: il reste encore assez de souffrances matérielles pour indigner l'humanité: trop souvent d'ailleurs l'administration d'un hôpital, comme l'administration publique, gouverne à son profit, perdant de vue son but; la dureté, l'égoïsme, s'introduisent au sein des fondations de la charité; on ne saurait trop les surveiller. Si la paresse et le vice conduisent à la misère, les gens dégradés n'en sont que plus malheureux, et l'indulgence les relèverait peut-être: il y a bien des excuses aux défauts du peuple quand on y pense; les prisons aussi demanderaient des réformes; l'éducation, qui est le plus sage préservatif, se répand chaque jour davantage, grâces aux soins du gouvernement. Nous ne voudrions pas voir la pitié s'éteindre, mais s'éclairer, connaître les maux pour y appliquer le vrai remède, et s'en reposer pour son but, autant sur l'esprit et le savoir de l'homme que sur la bonté.

Puisque nous avons parlé de la division du territoire en France, nous remarquerons comme la vie civile y est peu répandue. Sur 32 millions d'habitans, si 24 millions occupent les campagnes et 8 millions seulement les villes, voilà donc la population civile bien réduite. On a dit que 170,000 électeurs sont trop peu; sans doute, même dans les proportions vraies, ils sont trop peu; mais quand on a dit cela, on les comparait à 32 millions d'habitans et non à 8 millions, c'est-à-dire à 4 millions sans les femmes. On a comparé sur ce chiffre la France à l'Angleterre; mais toujours et en tout quelle différence! Un quart seulement des habitans en France a des sentimens civils; les deux tiers des habitans en Angleterre ont ces sentimens. Sur 18 millions d'habitans en Angleterre, moins de 6 millions cultivent le sol, et l'on porte seulement à moins de 600,000 le nombre des propriétaires.

CHAPIRTE XXXIV.

Il faut voir les choses de haut pour les bien voir. Si on avait maintenu l'aristocratie en 89, on n'aurait pas partagé les terres et commencé une ère nouvelle. La noblesse n'avait pas mérité d'être gardée : son rôle s'était fort rabaissé; la France devait davantage aux rois et au peuple; une suite de grands hommes plébéiens avaient préparé la révolution. Dès longtemps la noblesse, comme les corporations d'ouvriers, s'était perdue par sa force même et ses richesses, ce qui arrive chez une nation légère à tout corps puissant, s'il n'est pas soutenu par des principes. Si la grandeur de nos rois et de nos seigneurs précéda les autres, la grandeur populaire de Molière, Pascal, Voltaire, Rousseau, éleva bientôt en France la nation au dessus de ses maîtres, l'esprit au dessus du rang, et dirigea le pays vers cette aristocratie véritable qui se prépare aujourd'hui. Les cris arrachés à l'humanité souffrante, les vérités que les hommes trouvent en masse, affranchirent le pays, et quelque chose de généreux, d'universel, de philosophique résulta pour les idées de leur origine. C'était ici le génie du peuple, le génie des grands hommes qu'il portait dans son sein. C'est ainsi que la France rompit à jamais avec la naissance, car dès qu'on a connu la vraie aristocratie, on ne peut plus supporter l'autre : autant le vrai soleil luit d'un feu originel et pur, autant l'aristocratie du talent luit à côté de l'aristocratie héréditaire. Nous avons dit comment la société présente en Angleterre les deux extrêmes de la force et du ridicule. L'Empereur a voulu faire une aristocratie, et, chose remarquable ! on n'a respecté que ses maréchaux et sa légion-d'honneur, tant la dignité à vie a de vérité et convient à la France. La noblesse de la restauration, composée d'émigrés, de favoris et de parvenus, fut en désaccord avec le pays et donna cette chambre des pairs qui a montré des talens, vraiment, mais qui, sans base, est toujours descendue plus bas. Les ministres même de la restauration n'en eurent pas le respect. M. de Villèle, en un jour, y introduisit soixante-dix membres, et l'autre jour on en a introduit trente d'un coup, à la veille de procès de presse que la chambre des pairs doit juger. A Rome, le sénat fut perdu quand César y introduisit cent membres à la fois ; M. Pitt nuisit à l'aristocratie en créant trop de pairs ; en Angleterre, on est maître de leurs votes en les menaçant d'augmenter leur nombre ; le duc de Wellington préféra ne pas voter, ainsi que ses amis, et laissa passer enfin le bill de réforme. Si les ministres les premiers manquent de respect à la pairie, comment la nation en aurait-elle ? Si la pairie se passe du respect des ministres, comment s'offenserait-elle des mépris du peuple ? Et qu'est-ce qu'une aristocratie qui n'est pas respectée ? L'Empereur disait : « Si on m'ôte l'autorité d'un empereur, j'aime mieux faire partie du peuple souverain. »

La révolution de Juillet, qui n'était (quoiqu'on l'ait alors ignoré) qu'un pas vers de nouvelles destinées, fit tout à demi. Elle abolit l'hérédité de la pairie; les gens éclairés le regrettèrent, car si c'était une aristocratie mal faite, c'était du moins un commencement de science. Le peuple vit plus juste en abolissant une hérédité que de grands faits n'avaient pas méritée aux races, et en rendant l'espoir à l'aristocratie naturelle.

Mais l'élection des pairs n'était pas bien dans les mains de l'hérédité, comme l'élection des députés n'est pas bien dans les mains des électeurs à 200 francs. La France se trouve dans une position singulière : d'un côté, les villes, à la voix de grands hommes plébéiens, ont pris des idées libérales, et, outrant ou dénaturant leurs maîtres, se sont jetées dans mille extravagances; de l'autre côté, les campagnes sont restées dans l'ignorance; de sorte que 8 millions d'habitans dans les villes sont en présence de 24 millions d'habitans hors de toute vie civile. Le gouvernement a, d'un côté, à se garder de la violence des villes; de l'autre, de l'ignorance des campagnes. Si vous faites descendre l'élection très bas, les paysans voteront pour de vieux préjugés. Ici, stupides, là, volages, nul n'est pour la loi que celui qui la fait. En Angleterre, la vie civile est partout; la population agricole n'est que d'un tiers; le reste vote et aime la loi. L'industrie éveille l'intelligence de l'homme pour la vie civile; l'agriculture l'éteint. La population agricole, en France, est perdue sur un grand territoire qu'elle n'a pas encore tout comblé; en Angleterre, la nation est pressée dans un petit espace; la grande culture emploie peu de bras; le peuple, qui comprend la loi, ne songe à la modifier que par les moyens qu'il tient d'elle. De là aussi pour le peuple les chances du commerce, une vie incertaine, la misère pour les ouvriers; et, en France, la sûreté de la vie agricole et des mœurs villageoises. Si les affaires d'Angleterre paraissent donc plus civiles que les nôtres, c'est que l'Angleterre a plus de citoyens, c'est que le pays est plus peuplé pour la politique.

Dans les villes hardies et folles de France, il s'est développé une sorte de charge plus grande que la tribunitienne, une sorte de magistrature, toujours prête pour exciter le peuple : c'est la presse.

La presse a été belle quand elle a été dirigée par MM. de Chateaubriand, B. Constant, Thiers, etc., mais le pouvoir du peuple augmentant toujours, il s'est emparé de la presse et en abuse ; la presse s'inspire du peuple, il est vrai, mais elle l'excite, l'égare et le corrompt ; et chez une nation vive et légère, elle a plus d'influence que partout ailleurs. On parle de la liberté de la presse en Angleterre, en oubliant que l'Angleterre est en tutelle sous l'aristocratie. Depuis la chute de l'Empereur, ces difficultés se sont toujours fait sentir davantage, et le mouvement des villes a menacé tous les gouvernemens.

Les absurdités où la presse a jeté la restauration ont fait attribuer les torts à la restauration seule, et, en Juillet, on a ôté jusqu'à la censure. Mais qu'est-il arrivé ?

Il y avait alors deux partis à prendre, celui de la liberté européenne, de la république et de la conquête, pour lequel il fallait l'audace et le génie, ou celui de la modération. On a choisi le parti de la modération ; les hommes du plus grand mérite sont entrés aux affaires ; sous la restauration, un petit parti avait étudié la politique, fondé une *doctrine*, cherché la science trop négligée ; ce petit parti, par ses études et ses principes était le plus digne du pouvoir, et l'a obtenu. Il l'a obtenu devant la presse injuste et puissante, il l'a obtenu en commettant des fautes plus ou moins graves. Comme ces hommes n'avaient pas de pouvoir individuel, qu'ils n'avaient pas l'initiative des mesures, et qu'ils ne donnaient pas l'impulsion ; comme, ne tenant point à une aristocratie, ils étaient isolés dans l'Etat, les institutions, loin d'augmenter leurs forces naturelles comme en Angleterre, les ont diminuées; et, redoutant leur faiblesse sociale, désirant de garder un pouvoir qu'ils craignaient de ne plus retrouver, ils ont fait un monopole du gouvernement, en repoussant dans l'opposition aveugle qui existait d'autres hommes dignes d'agir avec eux; alors les dangers de la restauration se sont renouvelés.

Certes, M. Thiers et M. Guizot pouvaient en triompher si les affaires eussent été montées autrement : si M. Thiers, gêné comme il est, a signalé son habileté dans toutes les affaires importantes, donné cent millions pour les travaux publics, animé le sol et montré partout qu'un homme de talent agit; s'il a développé tant de mérites divers, une éloquence vraiment parlementaire, un caractère plein d'humanité, des idées élevées et universelles, que n'eût-il pas fait avec plus d'autorité, des richesses personnelles, une clientelle à lui; et M. Guizot, qui ose à peine demander vingt mille francs pour le muséum d'histoire naturelle, auquel il faudrait des millions, que de sommes n'eût-il pas données, que de recherches n'eût-il pas fait faire, lui qui disait au Roi dans un rapport : « La destinée de votre gouvernement est de se mettre à la tête de notre civilisation, de satisfaire ces deux grands besoins de notre société moderne : le bien-être et l'intelligence. » Les mêmes hommes avec des circonstances plus fortes feraient la gloire du pays : soutenus d'une aristocratie dotée et privilégiée, de la légion-d'honneur resserrée, et surtout des idées que ces institutions entraînent, ils enchanteraient la nation, braveraient la presse et la calomnie. Une opposition où se trouvent de premiers talens et les caractères les plus honorables, secondée comme eux, les éclairerait au lieu de les égarer, et leur enlevant parfois le pouvoir, on verrait les partis appelés tour à tour à la domination.

Les ministres, au lieu de quitter un rôle amer, n'ont pas craint, renfermant huit lois dans une, d'attaquer le jury criminel (qui, comme les modes chez nous, semble changer avec les saisons), dans le but indirect d'arrêter la presse, d'établir des peines sauvages, de rabaisser encore la pairie humiliée, de confondre toutes les notions qu'ils nous ont données, tous les principes qu'ils ont proclamés. La *doctrine* propose, et la pairie, *la science* adopte! On va jusqu'à dire que les juges *préserveront* des jurés : Athènes, dans ses grandes folies, ne s'égara pas mieux. Les députés du peuple approuvent, et la nation en partie voit la loi avec plaisir. Eh! comment supporter la liberté de la presse sans des forces au sommet qui vaillent les forces d'en bas! Et vous, qui mieux que les autres chez nous présentiez la politique comme une *science*, vous qui expliquiez à votre pays le rouage et la beauté du gouvernement représentatif, vous que la nation vit long-temps comme un des plus chers rejetons de son aristocratie illustre et plébéienne, vous que tous les sentimens patriotiques et justes ont trouvé sensible, vous êtes le plus coupable, et il vous faudra pour vous faire pardonner redoubler de travail et d'éloquence.

On a été jusqu'à défendre des livres permis sous Louis XV, on a interdit le mariage aux prêtres; la nation a été blessée dans ses sentimens les plus vifs. Partout domination folle : ici, un parti royaliste et prêtre qui voulait faire combattre Henri V avec don Carlos, qui ne peut triompher, s'il triomphe, que pour un jour; de l'autre, voiles déployées, passions fougueuses et irréfléchies, républicains qui passent de Robespierre à Jésus-Christ, du comité de Salut Public aux *Paroles d'un Croyant*, avec une bonne foi comique; et des ministres, enfin, qui dans une semaine (ce n'est plus la glorieuse) attaquent le jury, la charte et la pairie.

Quand deux grands peuples en Europe se sont éveillés barbares encore, ne trouvant pas en présence pour les subjuguer ou les convaincre une tête forte, une tête royale, ils l'ont fait tomber. Jamais tête créée pour le diadème n'a été ainsi tranchée. C'était un acte atroce et brutal, car il suffisait d'ôter la couronne et non la tête, mais cette action représente une vérité. Le chef alors ne s'est pas trouvé le vrai chef, la pairie n'est pas la pairie; le peuple seul est peuple et connaît ses besoins de peuple.

CHAPITRE XXXV.

En prévoyant pour la France une aristocratie élective, on ne fait que constater ce qui est déjà commencé. En effet, l'Institut, les maréchaux, la Légion-d'Honneur, ne sont pas autre chose. L'Empereur a doté la Légion-d'Honneur et l'Université pour en faire des corps indépendans. Les maréchaux sont le meilleur exemple d'une aristocratie méritée et éclatante. L'Institut, comme la Légion-d'Honneur, est trop nombreux et trop pauvre. Il faudrait des choix plus délicats, des priviléges, des honneurs publics.

Ce n'est pas à nous qu'il appartient de savoir ce qu'on doit faire, nous voulons seulement montrer ce que la nature indique à la société : les vérités acquises restent; sans doute la nation devra toujours être représentée; la chambre basse traite des intérêts matériels du pays; mais au dessus, mais la pairie, mais les chefs, tout cela est à méditer. La pairie doit-elle être si nombreuse ? Ne faut-il pas un corps plus puissant, plus serré, qui nomme le chef de l'état dans son sein, et qui choisisse dans tout le pays ses propres membres?

Est-ce le peuple qui nomme les membres de l'Institut? Non. Pourquoi? Parce qu'il ne peut pas juger les sciences : on sait ce que valaient les suffrages des Romains et comment ils étaient balancés dans les comices. En Angleterre, le peuple ne nomme que les membres des communes; le sénat est héréditaire ou recruté dans un esprit qui est le sien.

L'esprit n'est-il pas, à tout prendre, *le souverain* de la terre? L'homme qui pense peut-il dépendre de l'homme qui ne pense pas? Les sciences de l'Institut ne sont pas jugées par le peuple, et le peuple prétend juger les sciences politiques, plus difficiles? C'est que celles-ci ayant l'homme pour but et pour instrument, l'homme ne peut cesser de s'en inquiéter; si le peuple ne sait pas juger les mesures, il voit les résultats visibles et présens; si l'élection d'en haut doit partir d'en haut, le peuple doit avoir aussi son influence; mais pour en supporter les cris menaçans, il faut placer l'homme supérieur en sa présence, comme il est placé par la nature, graduer les forces matérielles sur les forces morales. Nous avons vu que l'aristocratie en Angleterre permet seule le développement de l'énergie vulgaire, et qu'en France la faiblesse du haut pouvoir enchaîne la presse. Notre budget de l'état est tout matériel; avec un centime de plus à l'impôt foncier, on a près de deux millions: en quelques années on pourrait fonder la fortune à vie des chefs de la société, qui ne peuvent voyager, s'instruire, protéger les lettres et les sciences sans moyens matériels. Les dépenses de l'armée se sont élevées jusqu'à 400 millions par an, sans qu'on en ait souffert. Avec moins un corps serait doté, dont il faudrait *agrandir les devoirs et les travaux comme l'existence*. Nous ne faisons que développer des tendances françaises, et ce que nous disons, indiqué par notre pays, n'a rien d'étrange. Si nous considérons les mœurs des premiers hommes de la France, nous les verrons plus ou moins fortes et royales; ceux qui ne sont pas au pouvoir vivent retirés avec le petit nombre d'amis qu'ils ont choisis, sans entrer dans le train frivole du monde : ainsi MM. de Chateaubriand, Béranger, Royer-Collard, Ampère, Lamartine, La Mennais, Victor Hugo, et quelques autres, ont naturellement le caractère d'une aristocratie hautaine, isolée et disciplinée : « N'y a-t-il en ce monde que la succession du sang et les traditions de la famille? Les traditions de pensée, de système et d'école politique sont-elles donc moins fécondes, et ont-elles jamais défailli là où les talens germent libres et s'élancent solitaires de la plus profonde obscurité aux premières dignités de la patrie? Nos législateurs de la Constituante, nos saints patriotes de la Gironde, cette race de bourgeois élevés dans la médiocrité et la retraite, sans appui que leur méditation, où donc avaient-ils pris leurs modèles, si ce n'est dans l'étude, au fond de leur ame, sous l'inspiration de Dieu et de la patrie? Les nobles traditions ne périront pas parce qu'un privilége repoussé par les siècles sera tombé: la famille des grands citoyens est partout *. »

L'ancienne aristocratie fut-elle supérieure aux écoles antiques, aux premiers chrétiens, et surtout à la secte stoïcienne dont Montesquieu a dit qu'elle seule faisait les grands empereurs? Les familles des Scipion, des Appius, des Julius, égalèrent-elles ces écoles, et daignerons-nous leur comparer les modernes familles des Condé, Montmorenci, Russel, Visconti? Quelle est l'ame noble à qui une promenade dans les champs n'a pas donné plus que n'eût donné une grande naissance? L'aristocratie plébéienne de France n'ayant pas dû beaucoup, comme

* M. Dubois.

le peuple anglais, à l'aristocratie héréditaire, marche de l'égalité à la noblesse avec une grandeur propre et philosophique; elle a eu la jeunesse d'Henri IV, des compagnons rustiques et l'air des montagnes.

En quoi la tragédie d'Athalie ou l'éloquence du cabinet ont-elles servi aux masses? Si les hommes précieux sont en petit nombre, comme les perles et les diamans; s'il faut compter séparément le peuple et l'individu; si la nature, Dieu, cette puissance dont la pensée est visible ici bas, a mis une telle inégalité entre l'esprit des hommes, qu'on a dit justement qu'il y a plus de distance d'un homme à un homme que d'un homme à une bête (fait énorme), certes Dieu a eu son intention, et nous ne pouvons cesser de le répéter : Quelques lois primitives imposées à l'homme deviendront toujours plus claires avec la civilisation.

Quand jadis on a compté les quartiers de noblesse, on a bien fait pour les temps. Notre aristocratie fera de même : tel quartier de noblesse intellectuelle ne vaudra pas tel autre quartier; on tiendra son *rang*; le *rang* alors fut figuré, mais Dieu a vraiment *rangé* les hommes, et la civilisation consiste à trouver ces rangs et à les discipliner.

Du temps de Dante, les hommes qui gouvernaient Florence avec lui avaient le mérite et le patriotisme; point de citoyens plus dévoués ni plus désintéressés. Ils succombèrent parce qu'ils n'avaient ni prestige, ni moyens matériels pour suppléer à une fermeté trop rare chez les hommes *.

Quand la richesse existait, on la représentait; en opposition au peuple pauvre on mettait des seigneurs

* On trouvera ces vérités plus frappantes dans un essai sur *l'Histoire de la République de Florence* que nous achevons maintenant.

riches. Aujourd'hui, plus de richesses, plus de seigneurs, un pouvoir moral et savant régissant le monde, et que le talent seul peut représenter. Cet homme a pensé, agi, c'est de l'or et c'est un rang. J'apprends telle action, je lis tel ouvrage, quelle richesse! L'auteur est duc, seigneur, il a des terres; voilà notre aristocratie, le rang suivra la puissance qui les demande. Eh! ces vérités sont si évidentes, qu'elles deviendront celles de tout le monde.

Ce qui existe de l'ancienne aristocratie se joindra-t-il à la nouvelle? En Angleterre, les deux aristocraties jusqu'ici marchent ensemble, et comme, lors du bill sur les corporations des communes, un membre radical voulait réclamer des droits pour les membres des universités et les savans, son parti l'en empêcha en disant que ces hommes-là voteraient pour les tories. En France, les gens médiocres de l'ancienne aristocratie rejetteront l'alliance; le mérite seul en verra la beauté.

Ce que nous devons nous répéter aussi, c'est que le pouvoir et les honneurs causent moins d'enchantement que les idées qui les suivent et qu'on pourrait trouver autrement. La pauvreté doit-elle entraîner toujours l'avarice, la bassesse, l'ennui, l'isolement? Sans doute le rêve des grandeurs n'en vaut pas la réalité; mais les affaires sont mêlées de tant de petitesses et de dégoûts, la vie de tous les jours ternit si bien chaque possession, que la royauté, l'action, la guerre, la victoire, restent plus belles dans l'imagination des poètes que dans la vérité; rien ne donnera au poète le moment exalté où le héros combat et pardonne; mais, préservant les grandeurs humaines de l'ennui, pour ne les évoquer qu'en des jours inspirés, Homère et Dante ont été plus rois que les rois.

CHAPITRE XXXVI.

Nous avons vu que le peuple, chez les nations illustres, a eu son rôle à jouer et l'a bien rempli. On ne peut supporter de voir l'Américain se risquer au milieu des tempêtes pour baisser d'un sou le prix du thé ; mais on admire le cultivateur romain et l'ouvrier anglais qui soutiennent les droits de la justice : le Français renverse la loi, combat, meurt ; soldat, roi, il fait tout à lui seul dans l'Etat.

Il ne faut pas comparer le sort du peuple à celui des riches, mais à celui de l'homme placé sur la terre pour y vivre à la sueur de son front. La nature a créé le grand nombre des hommes pour les grossiers travaux où elle les destine. Nés pour porter des fardeaux, rouler des pierres, ouvrir un sillon, faites qu'ils unissent les idées du citoyen à leur vie laborieuse et innocente ; admettez enfin à la fois dans la société ces deux principes, forts l'un par l'autre, qui sont dans la nature, l'*aristocratie* et la *démocratie*.

CHAPITRE XXXVII.

La vie rurale a tant de charme et convient surtout si bien à l'enfance et à la jeunesse, que peu de talens sortent du village ; l'enfant, séduit même par l'étude, s'en distrait par les fleurs, les fruits, les travaux agricoles, le grand air, sans prévoir ce que lui vaudrait un triomphe sur ces séductions champêtres.

Les hommes, en foule, ne peuvent pas avancer ; on arrive un à un. Aujourd'hui il n'y a nul moyen au village de sortir de sa chaumière un enfant qui annoncerait du génie ; le curé seul peut le faire entrer au séminaire ; de sorte que l'enfant doit payer l'éducation au prix de sa liberté, de son bonheur, de sa vertu, dans une religion dégradée que personne ne respecte. Ne pourrait-on, rétablissant les bourses créées par l'Empereur, dont le nombre va toujours diminuant, en laisser quelques unes à la disposition du conseil de la commune pour les enfans pauvres et intelligens ? Et dès qu'un jeune homme s'est distingué au collége, dès qu'un talent a paru, n'y saurait-on attacher certains honneurs ? Ne pouvant élever tous les caractères, jadis on avait élevé les conditions ; l'ancienne société ayant dû autant aux maximes qu'au talent, ne pourrait-on former la jeunesse à des idées civiles ?

A Constantinople, il y a au sérail un collége de 600 garçons esclaves élevés pour le gouvernement, entre lesquels le sultan choisit les plus capables quand ils ont trente ans. Ils sont élevés par des ennuques et des muets, et frappés comme des esclaves ; mais dans un Etat libre on pourrait élever, aux frais de l'Etat et pour le gouvernement, tous les garçons qui se seraient distingués dans le pays. Les odalisques, filles esclaves enlevées, sont élevées de même au sérail au nombre de 600, entre lesquelles l'empereur choisit ses sultanes ; les autres se marient à la cour et aux garçons du sérail. Plus soignées que ceux-ci, elles étudient les arts, le grec, le persan, l'arabe, l'histoire, et elles ont plus d'une fois gouverné l'empire, malgré les nombreuses difficultés qu'elles trouvent en Turquie. Les filles, en France, qui se seraient distinguées dans les écoles pourraient de même être élevées pour un autre but aux frais de l'Etat.

CHAPITRE XXXVIII.

La propriété, comme l'esclavage, fut établie par la nécessité. Sans la propriété, point d'ordre; ce sont de ces lois relatives fondées sur un intérêt public antérieur à la justice.

En France, quand la propriété fut devenue trop nuisible à la société, on viola ses droits; et en effet comment convaincre long-temps un peuple intelligent en lui disant: — J'aurai tout et vous rien, parce que mon père avait tout et le vôtre rien. — Le peuple a fait un raisonnement contraire, et Dieu depuis n'a pas maudit ses moissons, Dieu n'a pas refusé la pluie du ciel ni la chaleur du jour. En partageant ainsi la propriété on l'a raffermie, car le peuple ne cherche jamais une rigoureuse justice : si on l'attaque encore, ce sera pour la modifier et remédier à des inconvéniens inévitables.

Ainsi le négociant, le banquier, l'homme qui n'a besoin que d'un esprit ordinaire, fera facilement fortune, et Corneille et Rousseau resteront pauvres. Les dons les plus précieux de la nature sont ceux qui acquièrent à l'homme le moins de pouvoir matériel. La société doit ici intervenir. Si les ouvrages immortels, au lieu d'enrichir les libraires, formaient un fonds commun pour les lettres ; si la société ne se croyait pas quitte envers ses bienfaiteurs par un enchantement passager, le monde en irait mieux. Les aristocraties se sont constituées des richesses éternelles; l'aristocratie du talent doit avoir la sienne indépendante du sort.

Chose singulière ! Les gouvernemens ont fait des pensions aux hommes de génie : ainsi le souverain a cru payer, et c'était le souverain qui était payé, puisqu'au lieu de dire *peuple souverain*, il faut dire *esprit souverain*.

Le peuple paie les livres, il en veut pour son argent; par là il altère et perd les talens de second ordre; les premiers talens mêmes souffrent toujours un peu du mauvais goût. Au lieu que ce soit le mérite qui guide le public comme aux époques glorieuses, c'est le public qui dicte au mérite, parce qu'il le paie, et le paie mal. Cet ignoble arrangement frappe tout le monde. Le même public est bon ou mauvais, sensé ou extravagant, selon qu'il s'est nourri de plus ou moins bonnes lettres.

Il y a une pauvreté que la société doit surtout secourir, celle que protégeaient les anciens chevaliers : les enfans, les veuves, les jeunes filles, les êtres faibles et en danger. Pourquoi, par exemple, quand une fille meurt, dont la dot eût été au dessus de cinquante mille francs, sa dot ne va-t-elle pas en héritage à un fonds pour les filles pauvres du peuple? Le père qui vient de perdre un enfant regrettera-t-il la somme qu'il lui destinait? Qu'il s'attendrisse en perdant sa fille innocente et désormais à l'abri sur tant de filles que Dieu conserve et pour lesquelles il vaudrait mieux mourir.

La propriété disparaîtra-t-elle enfin? La terre et le commerce, départis par la communauté, seront-ils remis un jour aux hommes comme la nature semblait les avoir créés, pour tous? Les pays et les provinces se diviseront-ils sous les richesses d'une longue civilisation? Ces questions sont laissées à l'avenir, qui aura sans doute des différences aussi grandes avec nous que nous en avons avec l'antiquité.

Ne craignons pas de penser qu'un peuple libre et généreux songera aussi à ses frères dans toutes les parties du monde. Les femmes d'Europe s'occuperont du sort des femmes de l'Asie. Le petit coin du globe que nous occupons a par son génie et son industrie les moyende soumettre l'univers, et il serait beau, donnant à la civilisation ses croisades, de porter sur l'humanité entière cette ardeur et cette inquiétude, propres à l'Europe, dont elle déchire ses flancs.

CHAPITRE XXXIX.

Non, le monde n'est pas plus vieux qu'il l'imagine, puisque l'homme commence à peine à vivre sans s'en étonner. Les Égyptiens, les Grecs, et plus tard les chrétiens, s'occupaient sans cesse de Dieu et de l'autre vie; le genre humain, lassé de vivre, s'y est accoutumé; et lorsque Pascal, un Egyptien profond et mélancolique, s'est ému, on l'a entendu avec admiration, mais sans sympathie, comme si lui seul devait mourir.

Notre terre, nivelée, refroidie, a perdu son langage antique; loin de l'orient et des solitudes, privés de nos forêts gémissantes, nous cherchons dans nos villes de pierres si des accidens matériels n'ont pas produit le monde. « C'est à la lueur des éclairs, a dit Vico, que les hommes aperçurent cette grande vérité qu'il y a un Dieu. »

Si la terre, lancée autour du soleil, parcourt près de 77 mille lieues par seconde; si des mondes sans nombre peuplent l'étendue infinie des cieux; si nous ne trouvons que des parallèles quand des deux extrémités de la terre nous cherchons l'angle des étoiles fixes; si la voie lactée paraît le foyer où se forment les soleils, ces proportions démesurées, l'arrangement des sphères, l'attraction, l'harmonie où agissent les causes secondaires, ne prouvent pas si bien Dieu, sans doute, que les passions des hommes.

Dieu, rattachant la continuité de l'espèce à des délices, a déposé les créatures dans le sein des femmes; la femme porte l'enfant de l'homme qu'elle aime, et, amante et mère, fidèle et créatrice, communique la vie et l'émotion à cette partie d'elle-même, qui s'en détachera pour supporter un jour des épreuves, montrer son courage et survivre; l'action de la mère sur l'enfant lui fait surveiller ses impressions pour créer une ame forte : transmettant la vie par nécessité, et inquiète comme si elle était responsable, nulle femme encore ne s'est élevée par la pensée à cette fonction de créer que la nature lui donne, et n'a peint ce qu'une femme seule peut peindre sans que la nature soit jamais dépassée. Ne craignons pas de la suivre un moment dans ses combinaisons et ses détails : la maternité, éveillée avant que l'enfant ne soit né, dès qu'il paraît au jour se déclare dans la souffrance par une joie machinale; le lait monte au sein; la bouche de l'enfant cherche la mère; des tendresses nouvelles s'éveillent chez elle : ici un tendre mélange d'émotions et de délicatesses. L'enfance de l'homme est pleine de grâce; la nature, y attachant des charmes innocens, en donna l'intelligence aux mères, qui, subjuguées par un enchantement nouveau, passent leurs jours à regarder dormir leur enfant, à écouter avec attendrissement la légère respiration qui sort de sa fraiche bouche entr'ouverte, à le caresser sans qu'il s'en aperçoive, suivre ses progrès et s'amuser, sans se lasser, de ses naissans éclats de rire et de ses premiers pas. La femme, dans ce bonheur, oublie l'amour, qui ne renaitra que trop grand, pour se livrer à cette frêle et douce créature qu'anime un souffle de vie si tremblant. Les femmes ainsi font partie de la religion; à elles sont attachées les plus fortes preuves de Dieu; chez les animaux, la femelle nous offre les mêmes lois : le lion est roi du désert, qu'il épouvante; mais la lionne, mère, est cent fois plus redoutable :

tout fuit devant sa fureur, tout respecte ses petits, que vengerait sa férocité; chez les animaux, la femelle seule éprouve des émotions qui la rapprochent de nous : dévouée, nourrice, attendrie, elle seule reçut une étincelle de vie humaine.

N'abordons pas le torrent de merveilles qui appuient celle-ci, même alors que tout ne nous paraît pas également beau et bien combiné. Les vertus seules firent triompher les peuples, et la Pologne paie encore de nos jours cette immoralité qui faisait dire à Catherine qu'elle l'achèterait avec un collier.

Il est une espèce d'hommes que Dieu agita plus particulièrement de son esprit, qu'il rendit plus sensibles à ses merveilles, qu'il enchanta mieux des beautés du monde, qu'il épouvanta plus des maux, auxquels il prouva mieux son intelligence et ses mystères. Le genre humain partageant l'émotion de ces hommes alla au devant des explications qu'ils lui donnèrent, tous inspirés selon les climats et les formes des contrées : ainsi Dieu se révélant aux Indiens exaltés par la magnificence de la nature, l'immensité du ciel, la chaleur et la fécondité, leur religion fut brillante et grandiose; en Egypte, où le désert touchait aux champs fertiles, où la race était forte et mélancolique, la religion fut plus grave, comme dans la Judée voisine et stérile, où Dieu semblait parler par les convulsions de la nature. Les religions brillantes restèrent à l'Orient, la religion sévère passa à l'Occident, et des diversités, comme des ressemblances éternelles, resteront entre les religions, les races et les climats. L'espèce d'hommes qui fonda la religion fut partout plus ou moins habile ou admirable; Mahomet, comme Moïse, chercha Dieu, enseigna aux hommes à l'adorer, et par la bouche de ces hommes choisis, Dieu révéla réellement ses religions à la terre.

Tandis que les Indiens et les Grecs personnifiaient,

sous la toute-puissance d'un grand dieu, chaque pouvoir de l'homme et de la nature, une autre religion, donnant l'espoir de réunir le monde dans une foi commune, atteignait des principes universels. Trop minutieuse dans les pratiques du culte (ce qui était peut-être utile alors), ses commandemens philosophiques portent sur les besoins et le caractère éternel de l'homme, et rien qui doive périr avec les temps ou rien qui appartienne à une race particulière n'y est entré. Un seul des commandemens a été contesté, la célébration du dimanche; mais ce commandement n'est sans doute que la garantie des autres; est-ce trop qu'un jour par semaine à l'homme pour se rappeler les commandemens de Dieu, examiner ses torts, réfléchir sur son caractère et son devoir, raffermir sa vie? Chez les Hébreux, les grands hommes, occupés de Dieu, eurent des pensées et un langage dignes de leurs contemplations; par eux la nation mérita de dominer la foi du monde et trouva ainsi Dieu fidèle à ses promesses.

Jésus-Christ paraît avec ce cri : Convertissez-vous, le royaume des cieux est proche. Aux commandemens de Moïse il en ajoute un seul : Aime ton prochain comme toi-même. Attaquant la grandeur visible, il vient, dans une grandeur secrète, pauvre, isolé, n'appelant ni les prophètes ni les rois, s'adresser au peuple dans les campagnes, sur les montagnes, sur les ondes; c'est à la douleur, aux malades, aux coupables, à ce qui est faible et qui souffre qu'il s'adresse. Aussitôt la charité, l'immortalité, un rachat sublime, les prières du jardin des Oliviers, cet ensemble lugubre et saint, la passion, en un mot, enflamme la religion sur la terre. L'Eglise ou plutôt les grands hommes s'emparent de ces mystères, les développent, créent les sacremens : Jésus-Christ avait annoncé la fin du monde et le royaume des cieux à la génération présente; l'Eglise généralise et agrandit sa parole, et

Rome, s'adressant à l'imagination du midi, maitresse des autres, célèbre la naissance, la passion, la résurrection du Dieu avec les cérémonies, les chants, les arts, les pompes de l'Italie. Le Dieu de Moïse portait souvent comme les dieux de la Grèce et des Indes un génie mortel. Jésus-Christ signale un Dieu plus pur au royaume des cieux. Pascal a compté trois ordres : la matière, l'esprit et la sainteté : les dieux anciens alliaient l'esprit et la divinité; Jésus-Christ, victime faible dans son agonie, vient perfectionner par les vertus et les douleurs l'ordre saint : c'est chez Dante, Michel-Ange, c'est chez Pascal qu'il faut voir comment cette sainte et douloureuse image subjuguant l'imagination de l'homme, la transporta dans les régions célestes d'une passion et d'une volupté inconnues.

Jésus-Christ prêcha des maximes opposées, commanda à la fois la paix et la guerre, parla de racheter le genre humain et favorisa, à l'*exclusion* des autres, les brebis perdues de la maison d'Israël. Les nations tendres ont vu chez lui des passions exquises, les peuples rigides n'en ont point vu. Nulle part l'Evangile n'a vanté l'intelligence de l'homme ni rendu hommage aux plus grands dons de Dieu, comme s'il avait voulu changer les principes des actions humaines; et, chose forte! l'Eglise catholique, ambitieuse et hautaine, a fait triompher la croix par les passions que la croix proscrivait : Dieu, marchant contre lui-même, réveillerait-il incessamment des passions qu'il proscrit? Jésus-Christ devait-il admettre l'inégalité de facultés et de devoirs, établie par Dieu même, ou la profonde égalité du temple est-elle plus conforme à sa charité et à son amour des pauvres? Peu d'hommes que l'histoire présente auraient reçu de même tout homme qui se fût offert à lui; Cicéron, dans ses vieux ans, eût demandé s'il était de famille consulaire, et Socrate, s'il savait lire :

Jésus-Christ, au dessus de ce qui est visible, favorise seulement la souffrance et la faiblesse, et par ces caractère profondément touchans il enivre encore les populations du Vésuve et s'attire le respect du Nord et du Nouveau Monde.

Qui oserait dire qu'il est la dernière expression de la religion? Qui pourrait croire que Dieu ne se révèle pas selon les différens âges comme selon les différens peuples? Si une partie de ce livre est admis comme une vérité éternelle, l'autre partie est rejetée par les lumières; c'est l'exaltation de Jésus-Christ qui, attaquant la pensée comme l'acte, a poussé son Eglise à établir l'horreur de la chair et ces préjugés dont les femmes, aujourd'hui, supportent seules le poids. L'antiquité avait connu le spiritualisme et la fidélité sans attaquer la nature dans ses triomphes et ses délices. Comme des âges barbares d'ailleurs aidèrent à fonder le christianisme, comme il fut expliqué d'abord par l'ignorance et la superstition, un amas d'absurdités s'y joignit, et pour comprendre la question entière, il faut se reporter aux temps affreux vengés par Voltaire et le dix-huitième siècle. Jésus-Christ et Voltaire voulant miséricorde et non pas sacrifice, c'est au renversement de l'Eglise, c'est à Voltaire que Jésus-Christ doit, en France, les nouveaux hommages qu'il obtient; et, comme nous l'avons déjà remarqué, c'est le dix-huitième siècle, plus puissant que Jésus-Christ, qui a préparé l'affranchissement des nations, la ruine des faux prêtres et l'égalité des hommes: depuis des siècles, l'utilité du christianisme a disparu en France, comme celle des croisades, sous mille bienfaits nouveaux.

Mais ses temples subsistent, une partie de la nation l'adore, la Bible et l'Evangile sont toujours ce que les religions ont connu de plus beau. Avant de savoir si une religion philosophique est possible et de diriger vers ce but élevé les forces et l'imagination des hommes, ne pourrait-on réformer le catholicisme absurde qui nous reste? Gênant l'action du gouvernement au lieu de l'aider, la religion est *contre* nous si elle n'est pas *pour* nous, quoiqu'elle vaille mieux sans doute *ennemie* que *mal réformée*. La France paie vingt-sept millions pour une foi qui prêche les mêmes choses qu'avant 89. Vingt-sept millions! que c'est peu pour le culte des vertus et des dieux! mais c'est trop pour Rome. Pourquoi ne pas marier à nos prêtres ces charmantes sœurs de la Charité qu'on voit à Saint-Roch dans leurs habits sévères et modestes? Pourquoi la femme du prêtre ne serait-elle pas prêtre aussi, avec un habit religieux, des mœurs charitables et la charge de confesser les filles? Croira-t-on sans douleur que, dans cette France éclairée, il y a encore vingt mille malheureuses filles enfermées dans les couvens? Rien de moins chaste qu'une chasteté forcée. Les hommes d'un naturel tendre, que le train du monde fatigue, se chargeraient d'instruire leurs semblables, de leur parler de Dieu; et, laissant la religion protestante aux peuples positifs du Nord, nous conserverions la tendresse de notre culte et la beauté de nos cérémonies.

Pour gouverner l'homme, Dieu s'est servi avec énergie de la douleur; rêne du coursier qui lui résiste, plus puissante que le plaisir, il exerça par elle, sur les êtres énergiques, une inflexible autorité, les poussa à l'amour ou à l'action par des tourmens, attaqua leur raison dans son siége, au cerveau, les environna de sombres horreurs dont il fallait sortir à tout prix, les força entre la mort ou sa volonté. O pouvoir formidable qui nous tient chétifs et tremblans dans sa main pour quelques jours d'une force esclave, précédée de l'imbécillité et suivie de la mort!

Les tortures prodiguées à la nature qui combat ne se trouvent jamais dans la nature laissée à son propre cours. Eh! que penserions-nous de sa sagesse si les actes de nos organes nous faisaient mal? Que penser donc de la sagesse de l'homme quand sa loi nous fait mal, quand, s'écartant de son guide, il le méconnait et lève la main contre son père, crime puni de mort par Moïse? Ne craignons pas de poser ce principe : dès qu'il y a douleur il y a quelque chose à reprendre, soit dans la personne qui est vicieuse, soit dans la loi ou les circonstances; la douleur ne doit pas plus s'accepter dans la nature morale que la maladie dans la nature physique; les positions qui la consacrent sont fausses et inadmissibles. On peut admirer les victimes qui les supportent, mais nul devoir, nulle justice n'oblige l'homme à supporter une douleur que Dieu ne fait sentir que pour qu'on l'évite. Les temps modernes commençant par des catastrophes épouvantables ont établi un principe chrétien d'assujétissement et de souffrance, utile dans des temps de pillage, de viol et d'incendie, où les femmes surtout tremblèrent; les malheurs sont finis, les temps sont changés. Assez de devoirs inévitables et rigoureux resteront à la nature humaine : assez de femmes verront périr leurs enfans au berceau; assez d'autres les perdront à la fleur de leurs ans, dans leur naissante beauté; assez d'affections se briseront par l'absence et la mort; assez de maux et de périls resteront au courage. Dieu, indiquant victorieusement ses volontés, nous mit sur la terre, se sépara de nous, éprouva notre intelligence pour le comprendre, notre vertu pour lui obéir, nous fit heureux et habiles selon que nous nous élevions à lui, réservant quelques unes de ses intentions pour l'avenir, et douant la femme de force et d'ambition pour qu'elle sût un jour en trouver l'usage. Comme nous ne pouvons pas plus nier la pensée qui préside ici bas que la longue religion pratiquée par les grands hommes et le genre humain, comment craindrions-nous de nous livrer à notre auteur, de lui porter nos fautes et nos faiblesses, d'aller nous faire comprendre et d'aller réfléchir là où est l'origine de toute réflexion, en disant à Dieu, comme David :

« Tu as sondé mon cœur, tu l'as visité de nuit, tu m'as examiné, tu n'as rien trouvé ; ma pensée ne va point au delà de ma parole. »

La religion discipline le talent, enseigne à respecter l'aristocratie naturelle, élève la femme, guide la civilisation, et trouvait ainsi sa place là où la femme et l'aristocratie sont défendues.

CHAPITRE XL.

Entre les passions, il en est une qu'on nomme la passion, comme la première de toutes : le vent gronde, le ciel est chargé, l'ame s'est éveillée sur la terre, proportionnons la force de nos voiles à la hardiesse du voyage et des découvertes. Et nous, reportons-nous en arrière, et disons si rien peut donner ce que la passion donne : « O souvenir immortel de cet instant d'illusion, de délire et d'enchantement, jamais, jamais tu ne t'effaceras de notre ame ! » Vous qui l'avez connu avec sa tristesse, sa fierté, sa jalousie, ses impressions royales, vous n'y pensez jamais sans des larmes, sans le regret inconsolable qu'inspire ce qui est au dessus de tout et qu'on ne retrouvera plus. Où est l'abattement profond, l'espoir sans bornes, la joie tendre et glorieuse ; comment s'est reposé ce corps brisé, qui a consolé un cœur déchiré? Vous vouliez mourir, vous erriez dans les campagnes, éperdu, désolé, hors de vous-même. Qui essuya vos pleurs éternels, qui calma votre raison égarée, votre désespoir auguste, votre force qui n'avait de valeur que devant Dieu touché? Tranquille, vous avez continué de vivre, et après une existence suprême, vous avez accepté cette existence philosophique où la pensée préside. Dans des pleurs secrets, saluez du moins ces années de douleur et d'orage qui ont emporté tant de richesses; espérez qu'en Dieu, qu'au ciel, qu'ailleurs ces douleurs vous seront payées.

Il faut l'avouer, si la passion est fondée sur des motifs réels, si elle s'appuie comme les grands sentimens de l'homme sur de hautes convictions, elle vient du ciel et y retourne; son cortége de rêveries, de soupirs, de voluptés, ses impressions de l'infini et de l'immortalité, suivent une route obscure dont nous ignorons les secrets. Ce n'est pas la vertu seule et l'affection qui nous donnent le trouble enchanteur, les ravissemens, les langueurs, les vues de Dieu, le désordre puissant et saint qui nous porte aux dernières limites de notre énergie et de nos sensations. Pleurs que la passion fait répandre, vagues pressentimens; sombres chimères où nous nous perdons comme pour nous faire du mal, susceptibilité cruelle qui nous expose à mille blessures, qui nous fait nous désespérer d'un mot comme d'un ciel couvert, d'un vent glacé, d'une longue pluie, du langage muet par lequel la nature parle tristement aux cœurs passionnés, si nous sommes nés pour vous nous vous cherchons : notre énergie est dans notre désir; la perfection pour nous, c'est vous. Mais si nous possédons la passion, la lutte est avec elle, la force s'emploie à souffrir, le désir est rempli par des tourmens : mystères étranges et sublimes que l'homme accablé reçoit passagèrement pour révélation, qui nourrissent et épuisent sa jeunesse, qu'il oublie dans sa légèreté et qui ont passé sur sa tête comme ces catastrophes dont la terre est sortie ignorante, portant les marques du feu, du déluge et de la fécondité, sans savoir dire comment elle les a reçues !

Si la passion échappe à notre volonté, elle n'échappe pas à ceux qui savent la respecter, et une lueur éternelle peut rester d'une telle lumière. Quand une passion éprouvée et douloureuse (mais toute passion est douloureuse) arrive au repos, où nous mènent toutes nos fatigues, il est doux de contempler ensemble la route qu'on a faite ensemble : qui peut mieux nous comprendre que celui qui a souffert avec nous? La fièvre sacrée est passée, la regretterons-nous? Son souvenir nous effraie, nous attriste et nous lie.

Pour que la femme atteigne cette hauteur, il faut que l'homme soit convaincu comme elle : le temps finit où les plus faibles soutinrent seuls le poids de la morale mondaine; l'homme ne peut aborder la poésie, la tragédie, l'éloquence, que par les femmes, comme par elles seules il obtient le bonheur domestique et la dignité privée : la passion est la source de tout un ordre d'idées, de lois, de puissances et d'honneurs; quelques grands écrivains et quelques femmes supérieures l'ont bien décrite, laissant loin l'antiquité; ils ont dit que peu de personnes y peuvent prétendre; la passion sera la garde de ces personnes comme elle en sera le délice et l'effroi; elle trouvait sa place ici, moyen de vertu pour l'aristocratie naturelle et pour la femme.

CHAPITRE XLI.

Il est un sentiment qui porte sur les petites choses, et qui est par cela même celui de la médiocrité, quoique les grands hommes l'aient souvent éprouvé, c'est la vanité : établissant son empire avec celui de la foule, la vanité, devenue l'ame de la société, a remplacé la morale : aussi les fautes où la vanité pouvait entrer ont été admises; on n'a été sévère que pour celles où elle n'entrait pas. La vanité a disposé des affections, de l'amour, de la fidélité, du mariage. Les hommes capables avaient l'ambition, le goût du pouvoir et des affaires; leurs parens, leurs fils, traînés après eux avec des forces insuffisantes, n'ont eu que de la vanité, et voilà le partage entre le mérite et la médiocrité : à l'un les passions, à l'autre la vanité. Si les grands hommes éprouvèrent ce sentiment, c'était surtout parce qu'ils avaient affaire à la multitude : quand ils ne traitent qu'entr'eux, ils ne comptent que les vrais biens. Partout se retrouve la lutte entre ce qui est moral et matériel, entre ce qui est visible et invisible. L'homme brille par la pensée; son individualité fait sa gloire; mais s'il est né pour agir, ses forces se développent par l'action : le pouvoir lui est nécessaire. On ne saurait donc compter pour rien la position d'un homme dans le monde ni sa fortune. Mais, par l'inconvénient des choses humaines, il arrive que la position est comptée bientôt au delà des forces mêmes qui doivent l'employer, que les choses secondaires l'emportent sur les premières, la position, sur le mérite, la médiocrité, sur le talent, et que la vanité domine. Par une influence malheureuse les forts partagent les faiblesses du grand nombre; les idées fausses et ridicules sont admises. La nature, les religions, la morale, qui agissaient d'après des motifs vrais, sont remplacés par des motifs faux. L'opinion n'est plus ce juste cri du genre humain qui guidait Moïse, Marc-Aurèle, Henri IV, l'opinion c'est la mode; l'élite sociale, au lieu de penser et juger, devient plus stupide que le village; le troupeau des hommes ne suit plus d'éternelles lois, mais des lois minutieuses et passagères. Les femmes furent victimes de ces lois : on leur consacra un *honneur* apparent, auquel elles purent manquer avec gloire sous le joug du mariage, mais que les filles durent respecter. La société riant du préjugé en admit la forme comme une politesse, une convenance, comme tel ruban dans telle saison. La vanité est l'ennemie de l'aristocratie naturelle, de la justice et de la vertu.

Mais quoi! Tout ce qui voulut subsister, croître, s'allia sur la terre : les peuples s'allièrent entre eux, et les rois, les ouvriers, les commerçans s'allièrent ; et l'esprit est resté épars de tout côté, rapetissé par ses alliances, ne sachant pas choisir un principe, un livre, une règle de conduite, pour s'y tenir contre les sots!

L'alliance le rendra maître du monde et de l'opinion.

CONCLUSION.

Nous avons vu proclamer en France la liberté, l'affranchissement du peuple ; il faut proclamer aussi l'aristocratie naturelle, les droits, comme des devoirs du talent.

L'humanité, en se perfectionnant, approche toujours plus des lois délicates qu'elle saura comprendre. Le renversement de l'aristocratie héréditaire, en France, a bien préparé l'aristocratie nouvelle, privilégiée par la société comme par la nature, et tenue aussi à plus de travaux et de justice : le privilége comme la charge qui suivront la nature seront à l'avantage de tous. Là, Dieu réunit l'homme et la femme ; car s'ils diffèrent dans leur destinée ordinaire, quand ils atteignent la pensée ou les arts, ils abordent les mêmes régions : les femmes en masse sont mères et nourrices, comme les hommes en masse sont laboureurs et artisans ; mais tandis que ce grand nombre végète, l'aristocratie se compose : telle est la démocratie de nos temps.

La question ainsi se simplifie pour les femmes : si toutes seront libres et bien traitées, quelques unes seulement parviendront, avec les hommes, à des postes ou à des honneurs mérités. Comme jadis la culture des femmes hâta la civilisation, adoucit les mœurs, ainsi ce nouvel âge de culture pour les femmes mènera loin la société de la justice et de l'égalité ; comme autrefois l'homme rude et guerrier fut adouci par elles, ainsi l'homme libre sera moralisé par elles.

Sur la ruine des fausses idoles, le ridicule sera jeté à la vanité et à l'hypocrisie, non aux passions. Supériorité et vertu, puissance et discipline seront les principes d'une civilisation qui fait succéder de plus en plus la justice à la nécessité.

Les distinctions sociales, la naissance, la richesse, tant comptées par les gens vulgaires, ne sont rien devant l'esprit; le principe de l'égalité, c'est le génie; la société de l'égalité, c'est celle de la vraie aristocratie. Si on obtient de cette société les plus grands résultats; si elle profite à chacun; si l'homme supérieur et l'homme borné y trouvent un égal bonheur; si toutes les conditions sont dans l'ordre et la justesse, qui ne voit que c'est là que nous devons nous acheminer avec la prudence et la lenteur nécessaires?

Du temps d'Aristote il y avait un petit parti qui soutenait qu'on n'avait pas droit de faire l'homme esclave : ce petit parti s'est grossi ; il n'a triomphé en Europe qu'il y a trois ans, quand le parlement d'Angleterre a aboli l'esclavage ; il ne triomphe pas encore dans le Nouveau-Monde. Ce petit parti, dès Aristote, représenta ces vérités que le genre humain porte dans son sein pour les voir triompher à la longue.

L'homme et la femme dans leur jeunesse rêvent des passions absolues de science, de pouvoir ou d'amour. Mais il n'est pas de telles passions. L'homme doit les unir, s'instruire, aimer, régner, et composer sa vie des émotions et des faits de tout genre où elle est destinée.

Si à l'humble rang où la nature nous a placée, nous avons traité de droits au dessus de nous, il y a bonne grâce au peuple à réclamer pour ses chefs :

nous voudrions que notre voix éveillât les vrais défenseurs de la justice *.

Eloquence! prêtez à notre lèvre austère des accens qui touchent et persuadent les hommes! Versez sur notre diction précise et ferme cette grâce et cette douceur que ne nous a pas données notre sexe. Prêtez-nous votre sensibilité et vos images, faites jouer à travers nos paroles des rayons de lumière. Celui qui a fait parler la morale n'a rien fait s'il n'a fait couler des larmes. Ce n'est pas par la précision des choses de l'univers que Dieu s'est révélé aux premiers hommes, mais par les nuages fuyant, les arbres renversés, les vents plaintifs, l'éclair rapide! Dans l'ordre sublime, les paroles sont peu de chose, l'émotion est tout; par un regard, un mot, faites-nous entraîner l'homme où nous avons voulu monter, qu'il compte la noblesse et le bonheur comme des lois saintes, qu'il attendrisse son cœur dans un dernier regard jeté à l'amour, la maternité, le mariage, la fidélité, ces beautés morales que nous voulons rappeler à leur vrai caractère. Faites excuser de trop faibles efforts; empêchez qu'on ne rie en nous voyant manier une si lourde épée; prévenez la dure justice, qui nous reverra humble et timide à des travaux inférieurs. Ou plutôt rendons tous hommage à nos chefs, et célébrons sur la terre, sans personnalité et sans envie, les louanges des hommes et des vertus!

FIN.

* Avant qu'on eût mis à la mode la cause des femmes, je l'avais soutenue dans quelques romans dont je n'ai pas ici dépassé la hardiesse. Ce petit travail est donc fait par une conviction antérieure aux idées nouvelles.

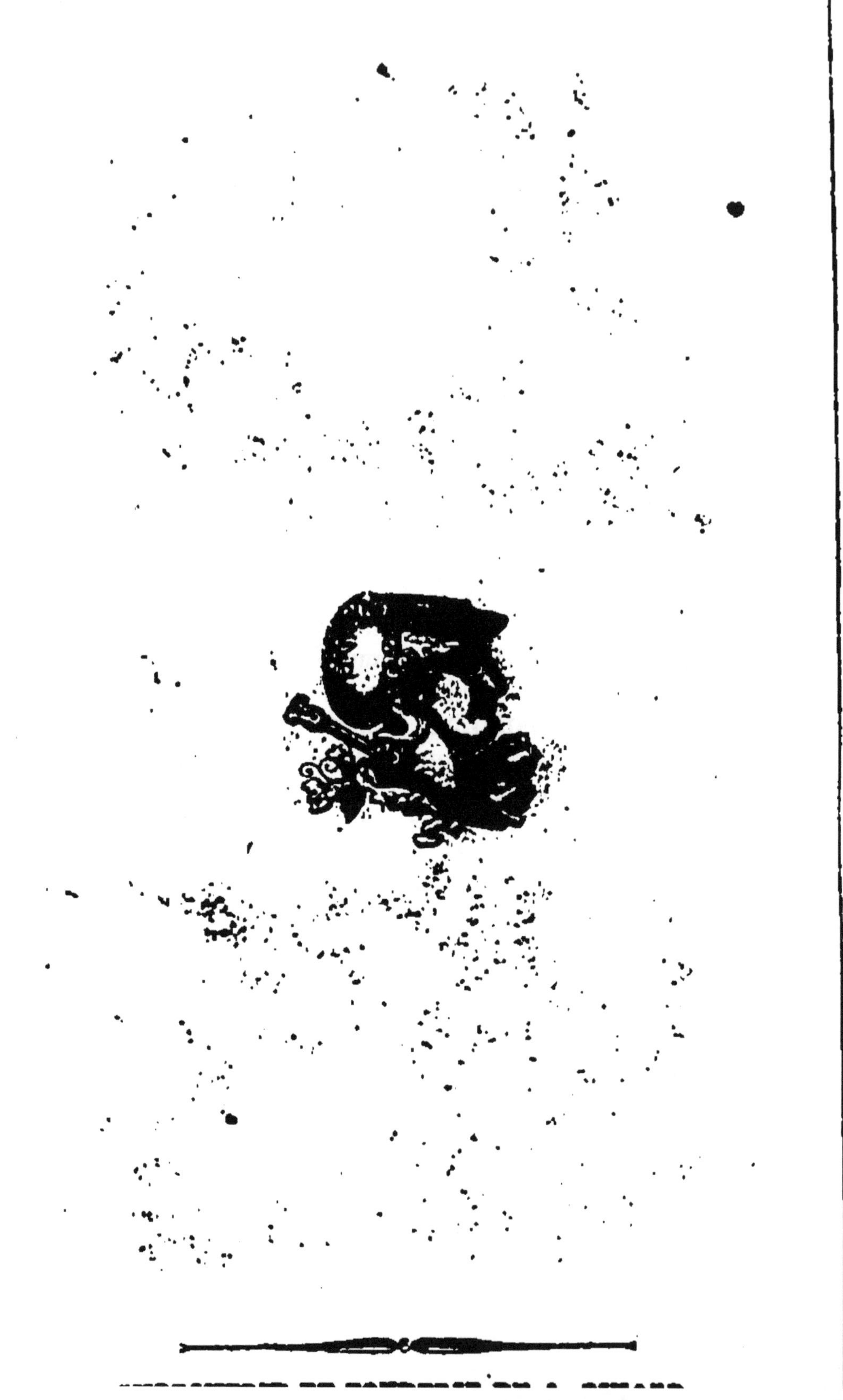

www.ingramcontent.com/pod-product-compliance
Ingram Content Group UK Ltd.
Pitfield, Milton Keynes, MK11 3LW, UK
UKHW022114190726
13855UKWH00002B/841